Lb 56
168

LA RUSSIE

ET L'EMPIRE OTTOMAN.

DU MÊME AUTEUR, CHEZ LE MÊME LIBRAIRE.

	fr.	c.
DES DROITS ET DES DEVOIRS, in-8°. Prix............	6	»
1789 ou LA LIBERTÉ CONQUISE, in-8°..............	5	»
DES ABUS EN MATIÈRES ECCLÉSIASTIQUES, in-8°.....	2	»
NOUVEAU MANUEL MUNICIPAL, 3ᵉ édition; in-8°......	12	»
STATISTIQUE DE MONTARGIS, in-8°................	6	»
MISÈRES DE LA VIE POLITIQUE, in-12.............	3	»
NOUVEAU GUIDE DES MAIRES, 4ᵉ édition; in-12......	3	50

SOUS PRESSE :

DES LIBERTÉS

GARANTIES PAR LES INSTITUTIONS DE 1789 A 1830,

DANS LEUR RAPPORT AVEC LA CONSTITUTION DE 1852.

Deux volumes in-8°, beau papier. Prix : 12 francs.

Melun. — Imp. H. Michelin.

LA RUSSIE

ET L'EMPIRE OTTOMAN,

TELS QU'ILS SONT

ET

TELS QU'ILS DEVRAIENT ÊTRE,

PAR

M. N.-J.-B. BOYARD,

PRÉSIDENT HONORAIRE DE LA COUR IMPÉRIALE D'ORLÉANS,
ANCIEN DÉPUTÉ.

PARIS,
RORET, ÉDITEUR, RUE HAUTEFEUILLE, 10.

1854.

PRÉFACE.

Lorsqu'au commencement de cette année 1854, un publiciste distingué de l'Allemagne s'efforçait d'éclairer sa patrie sur ses vrais intérêts dans la question d'Orient, et qu'il était l'écho fidèle de l'opinion allemande, j'essayais d'exciter en France, en faveur de la Turquie, l'attention distraite par d'autres intérêts en souffrance, qui ne permettaient pas de calculer avec sang-froid tout ce qui peut sortir de bien ou de mal d'une guerre allumée entre quatre états qui s'étendent de la mer Glaciale à la Méditerranée, de la mer Noire à l'Océan.

Un événement, tout à fait inattendu, vint tout à coup

agiter, éclairer, indigner l'opinion publique. Je parle de la publicité donnée à la correspondance diplomatique entre les représentants de la France, de l'Angleterre et de la Russie. Cette publicité, suscitée par les forfanteries et les finesses du czar qui a personnellement dirigé la marche de cette grande et déplorable affaire, porta un terrible coup à la dignité et à la prépondérance de la Russie, depuis si longtemps appelée le colosse du nord; mais, chose singulière ! elle accrut plutôt qu'elle n'atténua l'idée qu'on a de la force militaire de cet immense empire. On pensa que tant de ruse, d'insolence et d'audace n'étaient permises qu'à une puissance qui méditait depuis longtemps la ruine de la Turquie et qui avait préparé tous les moyens de l'attaque et ceux de la défense.

Les gouvernements anglais et français, quel que fut leur désir de ne pas ranimer les brandons de la guerre, déclarant aussitôt que le moment était venu d'arrêter les invasions de la barbarie sur la civilisation, en appelèrent aux armes, et la mission de la presse fut dès lors de faire pénétrer dans les esprits inquiets les raisons qui militent en faveur de ces deux puissances, gardiennes des intérêts généraux de l'Europe occidentale. J'entrepris, pour ma très-petite part, de prouver que les craintes que soulevait une lutte si fâcheuse, provenaient de l'idée fausse qu'on avait de la puissance de la Russie. — J'osai opposer au mot grandeur celui de décadence, et j'aspire maintenant à mettre sous les yeux du public les preuves de la justesse de mon idée, dans laquelle je persiste et dans laquelle je persisterais encore plus si je voyais la France moins préparée à porter le dernier coup qui va mettre au grand jour les misères cachées de ces nations sauvages, qu'on dit appelées à dominer le monde.

Le pieux successeur de Pierre-le-Grand qui, dans l'ardeur de son orthodoxie schismatique, écrasa, mutila, le plus beau joyau de la couronne d'Alexandre, — la Pologne, généreuse nation, au lieu de s'en faire aimer; qui, dans ses tentatives contre la Turquie, n'est parvenu à la dépouiller de quelques provinces qu'à force d'astuce, de corruption et d'effroyables carnages contre des populations désarmées; qui, dix fois en marche pour Constantinople, a dix fois manqué de force et de résolution, s'imagine encore aujourd'hui que l'heure de la victoire va sonner pour lui. Journaliste émérite de toutes les Russies, il publie ses programmes de triomphe avec une assurance demi-sublime et demi-comique..... A ceux qui partagent ses vaines illusions, il faut exposer des faits et des actes trop ignorés, qui prouvent cependant deux choses : que la décadence de la Turquie touche à sa fin et que celle de la Russie commence.

LIVRE Ier.

POLITIQUE EUROPÉENNE.

CHAPITRE Ier.

SENTIMENT POPULAIRE.

Les peuples ne sont pas forts en diplomatie, c'est un malheur; car leur ingénuité leur fait souvent voir les choses de travers. Mais ils sont forts en patriotisme; il est rare qu'ils se trompent dans l'appréciation d'un fait politique; il leur arrive, souvent même, de redresser, avec leur simple bon sens, les fautes de leurs gouvernements, comme on vient de le voir en Angleterre, où la voix publique a vaincu la résistance d'une partie du ministère; en Allemagne, où la raison du peuple a détruit l'intimité qui enchaînait l'empereur d'Autriche et le roi de Prusse aux volontés du czar Nicolas; et nous disons même en Turquie, où l'énergie nationale a mis les armes à la main à ceux qui étaient prêts à se courber encore une fois sous la pression moscovite, malgré la volonté du jeune et généreux sultan.

La prépondérance de la Russie pèse, en Europe, d'un poids énorme sur tous les cœurs généreux, depuis que son gouvernement, par une suite de circonstances heureuses pour lui, a pu avec succès opprimer la Suède, la Pologne, la Turquie, et tenter d'opprimer même la France. Il y a un instinct national qui se révolte, qui crie de toute part que le gouvernement qui, systématiquement, intervient ainsi avec autorité dans les questions européennes, pour en tirer parti au profit de la barbarie contre la liberté, c'est-à-dire, contre la civilisation : que ce gouvernement, disons-nous, est l'ennemi de tous les peuples et du sien encore plus que des autres.

L'accroissement gigantesque qu'on a laissé prendre à la Russie, au préjudice des états, ses voisins, qu'elle convertit à l'aide du knout et des mines de Sibérie, favorise singulièrement ses prétentions despotiques. Elle sait qu'elle peut impunément ravager les petites nations à l'aide de ses Cosaques; les dénationaliser par l'exil et la transportation; les avilir en les dépouillant de toute liberté, en les muselant, en leur enlevant jusqu'à leur langue maternelle. Comment donc ne suivrait-elle pas ses projets pernicieux.

Sous ce point de vue, l'Angleterre sent maintenant l'étendue de la faute qu'elle a commise en tolérant tant d'actes astucieux, d'actes féroces de l'autocrate du nord;

astucieux, à l'égard de tous les gouvernements européens; féroces, à l'égard de ses propres sujets (1).

La France devait être à l'abri des coups de la Russie, et cependant on s'y souvient de Suwarof; les plus aveugles partisans de l'alliance russe, s'il en est encore, ne diront pas que nous soyons allé chercher celui-là (2). On ne se souvient que trop des nombreuses coalitions soldées par l'Angleterre, jalouse alors de la France, et dans lesquelles la Russie a joué le principal rôle; on se souvient des spoliations de 1814 et de 1815; on sait que, tout en affectant une grande modération, tout en déclarant qu'on ne faisait point la guerre à la France, — en proclamant que ses droits, ses libertés seraient respectés, garantis, on la dépouilla de ses frontières légitimes et naturelles, on la força de démanteler ses places de guerre, de payer, pour en construire contre elle, d'épouvantables rançons, et, qu'en retour de tous ces sacrifices, on lui imposa la dislocation de ses armées, de sa marine, et de plus l'absolutisme d'une dynastie antipathique à la nation.

Ce sont ces iniquités, il n'en faut pas douter, qui ont

(1) Le démembrement complet du royaume de Pologne, la séquestration, la confiscation des biens, l'enlèvement des enfants pour les transporter au loin, sont des moyens de gouvernement que les signataires des traités de 1815 ne devaient pas tolérer et qu'ils ont cependant soufferts.

(2) Un des arguments qu'ils font valoir est celui-ci : La Russie est l'alliée naturelle de la France. C'est elle qui a sauvé la civilisation. Si elle est venue en France, ce n'est que parce que nous l'avons été chercher. C'est par notre faute et pour le bien général qu'elle s'est armée contre nous. — Les bonnes gens! De quelle vue pénétrante ils sont doués!

rendu si faciles le retour de l'île d'Elbe et l'expulsion définitive de Charles X.

Le peuple français, humilié, dans ces derniers temps, d'un système de gouvernement qui consistait à trembler devant la Russie, au point de lui laisser déchirer les traités, a senti qu'un Napoléon pouvait le relever de cette humiliation, et quand il vit le neveu de l'Empereur triompher du socialisme et replacer l'ordre social sur une base solide, il battit des mains; son cri de: Vive l'Empereur! fut une réponse aux tentatives faites, tout récemment encore, par la Russie, pour intervenir de nouveau dans les affaires de la France. Nicolas, afin de reprendre son rôle de grand protecteur de l'Europe, lança pour la troisième fois son armée vers le Rhin, et, sans le sublime effort de la Pologne, il marchait droit sur Paris, persuadé qu'il lui serait aisé de triompher d'une révolte éphémère et sans écho. Il lui suffit, cependant, de quelques jours pour se convaincre du contraire. L'écho fut si général, si terrible en Italie, en Allemagne, que le czar fit en 1850 ce qu'il avait fait vingt ans plus tôt : il souffrit la République, quand il vit qu'il ne pouvait l'empêcher, qu'il ne lui faisait pas peur et qu'elle l'attendait de pied ferme.

Un peu plus tard, il reconnut Napoléon Empereur, comprenant encore mieux qu'avec celui-là le temps des transactions honteuses et de la pusillanimité était passé.

Napoléon III n'est plus pour lui le neveu d'un usurpateur frappé de déchéance, proscrit, déshérité de ses droits à la plus belle couronne de l'univers; c'est, en style diplomatique, son *bon ami*; c'est le représentant d'une illustre dynastie, auquel il ne dédaigne pas de proposer un programme politique, comme régent suprême, apparemment, de toutes les nations de l'Europe.

Une telle subordination ne pouvait pas être du goût d'un homme actif, entreprenant, d'un courage à toute épreuve. Il surveilla la Russie avec plus de sollicitude que ne l'avaient fait la Prusse, l'Autriche et l'Angleterre elle-même; il vit clairement, promptement, que les armées préparées contre la France et contre la Pologne ne resteraient pas inactives; il pressentit que, détournant sa course, ce torrent du nord allait, comme autrefois les Goths, rouler dans le Bosphore et la Méditerranée; — il prépara la digue qui devait l'arrêter : une flotte française vint protéger Constantinople. Et cependant, aussi prudent que résolu, le jeune Empereur avertit son ancien qu'il avait pénétré ses desseins; qu'il s'engageait dans une entreprise dont la question des lieux saints n'était que le prétexte, et qu'il devait, au nom des traités, au nom de la France, au nom de l'Europe entière, s'opposer à ce que la Turquie fut démembrée et même amoindrie.

CHAPITRE II.

LA RUSSIE VEUT LA GUERRE.

La Russie veut la guerre; elle la prépare depuis longtemps. Elle déguise ses préparatifs, elle cache sa résolution sous des manifestations pacifiques, afin de ne point éveiller l'Europe assoupie; elle a même recours à des déclamations dévotes pour soulever le fanatisme de ses peuples, auxquels on fait tout croire, puisqu'on leur rappelle comme glorieuse pour eux l'année désastreuse de 1812. Ce souvenir, il faut le dire en passant, n'est ni heureux ni politique; il est même peu habile de le réveiller dans l'intérêt des peuplades de la Russie.

Voici pourquoi :

Admettons, en effet, avec le czar, que les 30 degrés de froid qui anéantirent l'armée française furent pour les Russes un effet de la protection de la divine providence; nous n'avons aucun intérêt à le contester : le fait est là. Mais il faut reconnaître aussi que ce fait n'est pas seul; que la Providence a permis, selon toute apparence, que les villes de guerre de la Russie tombassent au pouvoir des Français; que les armées Russes fussent battues sous les murs de Smolensk (1) et sous ceux de Moscou, et que l'autocrate de toutes les Russies fut réduit à faire incendier sa capitale qu'il n'avait pu défendre, et qu'il ne pouvait nous enlever que par ce moyen héroïque.

Ainsi, 1812 ne fut pas moins fatal à la Russie qu'à la France, tant sous le rapport de la gloire que sous celui des sacrifices imposés aux deux peuples.

Tout ce qui reste de l'armée française peut témoigner de la démoralisation profonde de l'armée moscovite, fugitive du Niémen à Wilna, de Wilna à Smolensk, de Smolensk à Moscou, comme elle témoigne de son admiration pour la politique expectante d'Alexandre, qui, par des moyens qu'on peut appeler barbares tant qu'on voudra, a sauvé les débris de l'armée russe et perdu l'armée française; ce qui n'était pas plus barbare que tout ce qui se reproduit sans cesse quand les nations sont dans cet état de fureur et de rage qu'on appelle état de guerre. Mais en quoi ces faits touchent-ils à l'agression de la Russie contre le Sultan, agression non moins barbare et plus honteuse que les autres, non moins inique et plus audacieuse que celle de 1812? Ils ne s'y rapportent en rien. C'est un trait parti du carquois d'un Kal-

---

(1) On a tenté de défendre cette place importante; un combat terrible fut livré sous ses remparts, et les Russes prirent la fuite après avoir incendié la ville et dévasté tout le territoire, afin d'augmenter la famine qui déjà décimait les rangs de l'armée française. C'était le prélude de ce qui devait plus tard arriver à Moscou.

mouk, et voilà tout. Ce n'est, en effet, que par les faits nouveaux qu'il faut apprécier la question d'Orient soulevée clandestinement en 1853. On en allègue aucun, toutes les plaintes de la Russie contre le sultan ne sont que des querelles dogmatiques d'un autre siècle.

Rien n'est plus cauteleux, plus obscur, plus élastique que la diplomatie russe. Quelle pitoyable ressource que celle dont elle use à l'égard de ses peuples! Et quel plus triste spectacle que celui que donne au monde un chrétien si orthodoxe, en présence de l'attitude digne, modérée, énergique et probe du sectateur de Mahomet!...

Il résulte clairement des pièces diplomatiques que la Russie était fondée à ne pas croire à l'alliance anglaise, et qu'elle devait espérer n'avoir affaire qu'à la marine française et à l'armée ottomane. Dans cette idée, elle croyait pouvoir parler haut, exiger la soumission de la Turquie, ou lui livrer bataille. — L'éloignement de la France ajoutait à ses chances de succès. — D'un autre côté, les services intéressés rendus à l'Autriche dans l'insurrection hongroise lui permettaient de compter sur elle, soit pour prendre part à l'action, soit pour faire une utile diversion en menaçant la France.

Tel était le plan très-bien conçu, telles étaient les illusions du czar Nicolas. Mais ces combinaisons puissantes avaient un vice capital; elles ne faisaient point entrer en ligne de compte *les intérêts de l'Angleterre*; elles les inquiétaient, comme la démagogie inquiétait la Prusse, l'Autriche et les princes allemands. Nous allons voir les conséquences de ces inquiétudes trop généralement répandues.

De toutes les fautes que fit l'esprit démagogique, il n'en est pas de plus maladroite, de plus honteuse, que le soulèvement brutal des masses contre leurs gouvernements; c'était le moyen le plus sûr de tuer la liberté.

Il était réservé au despotisme russe d'imiter, de dépasser les fautes de la démagogie; de donner l'exemple de la violation la plus audacieuse des traités après les avoir vingt fois déchirés à la sourdine. Il imita servilement les démagogues, en soulevant les masses de ses provinces pour leur faire soutenir cette violation comme un acte d'orthodoxie, en agitant les Grecs dans l'espoir de les pousser à la révolte contre le gouvernement du Sultan. Mais, à côté de ces attentats de lèse-humanité, il était réservé à la France de protester, de condamner, de punir ces attentats. — Je dis la France, parce que c'est elle qui a levé le voile derrière lequel agissait la Russie; — c'est elle qui a imprimé le mouvement; c'est elle qui a tiré le canon d'alarme, avec une noble énergie, avec un vif sentiment de graves intérêts européens, et qui, en même temps, s'est prononcée contre les menées démagogiques. — L'Angleterre ne se montra qu'après.

Son gouvernement, d'abord incertain, je dirai prudent et sage; je dirai profondément politique, ne répondit aux provocations de la France que lorsqu'il vit ses intérêts et ceux de la paix sérieusement compromis par les emportements, par les fourberies du czar. Il disait, avec raison, qu'on ne pouvait faire trop d'efforts pour conserver les bienfaits de cette paix féconde, d'où sortirent tant de merveilles, et d'où peut-être allait sortir l'alliance industrielle de toutes les nations.

Le gouvernement anglais croyait que la querelle orientale n'était pas aussi sérieuse qu'on le pensait en France, que le sang humain ne devait pas être versé pour si peu de chose; que le sang anglais surtout ne devait couler que dans des cas d'une nécessité absolue. On hésitait donc à bon droit, mais cette hésitation devait avoir un terme; elle l'eut bientôt.

Il y a dans l'histoire des tactiques politiques et militaires, des faits qui constatent la prudence et la loyauté des hommes. L'histoire d'Angleterre en contient beaucoup. Ce qu'elle fait en 1854 va grandir encore l'idée qu'on a de sa force et de sa prévoyance. Il y a aussi des faits qui constatent que les lois de l'humanité sont souvent méconnues, ou ne comptent pour rien dans la balance des despotes. — L'histoire de Russie en est remplie. Que fit Pierre Ier, dit le grand (lui qui décapitait de sa main ses bienheureux sujets), contre Charles XII, dit l'héroïque ou le fou? Il recommandait à ses généraux de ne livrer aucune grande bataille, de reculer toujours et de tout dévaster sur leur passage. Oui, Pierre-le-Grand disait cela, et ses ordres étaient suivis. — Il voulait ainsi ruiner l'armée suédoise en Pologne; et il commençait par ruiner, par égorger des populations fort innocentes des folies de Charles XII.

Que font aujourd'hui les Turcs?... Ces barbares Ottomans, pour arrêter les désastres de la guerre, se montrent prêts à tous les sacrifices, sauf celui de leur dignité nationale; et ce sont pourtant les Russes qui, sous un prétexte ridicule, vinrent en pleine paix envahir les principautés, et là, comme en Pologne, les Russes suivront fidèlement les instructions de Pierre-le-Grand.

Ce fait n'est pas le seul : lorsqu'en 1711 Pierre Ier voulut faire la guerre à la Turquie, il n'en fit pas mystère, — il le déclara solennellement dans la principale église de Moscou et pour augmenter le courage des soldats, on affecta de donner à cette levée de boucliers une apparence de guerre de religion. Au lieu du drapeau blanc que les troupes Russes avaient coutume d'arborer, elles déployèrent des drapeaux rouges, avec cette inscription :

Au nom de Dieu et pour le christianisme.

De l'autre côté, on lisait, autour d'une croix :

Sois vainqueur par ce signe.

Que fit Nicolas Ier en 1853 ? Précisément la même chose que son illustre modèle. Voulant profiter de l'état d'agitation dans lequel se trouvait l'Europe, afin de faire une tentative sur l'empire ottoman, dont il convoitait deux belles provinces, il leva des troupes au nom de l'orthodoxie et des lieux saints, et, chose fort édifiante ! c'est de par la religion chrétienne que l'autocrate fait périr des milliers de chrétiens par le fer, par la poudre et surtout par la misère.

La France et l'Angleterre ne pouvaient tolérer une telle entreprise. Elles s'entendirent sur la nécessité de soutenir les traités souscrits par la Russie. Il fallait que la décision fût prompte, elle le fut ; et rien ne fut ménagé pour assurer le succès, car l'Angleterre, en deux séances, vota les frais d'une armée supplémentaire à ses forces ordinaires; elle créa, comme par enchantement, la flotte qui doit agir au nord de l'empire russe, quand une autre flotte agissait déjà sur les côtes du midi ; et tout cela s'est fait à l'unanimité.

La France aussi, en deux séances, a voté 250 millions et appelé sous les drapeaux tous les contingents disponibles, ce qui augmente son armée de 150 à 200 mille hommes ; et tout est en mouvement dans les deux empires pour que de telles forces arrivent avec promptitude à leur destination. C'est la première fois, peut-être, que l'intérêt de la paix aura donné de pareils éléments à la guerre. On chercherait vainement dans l'histoire une alliance aussi formidable que celle de la France et l'Angleterre, avec des points d'actions maritimes et de débarquement aussi étendus que ceux que donne l'alliance de la Turquie.

CHAPITRE III.

POLITIQUE DE LA TURQUIE.

Quand un État s'est établi par la conquête, qu'après des revers, un long repos d'épuisement ou d'ardentes agitations intestines, il est en butte à la convoitise d'un voisin plus puissant qui aspire à quelques-unes de ses provinces, convaincu qu'il est, que la possession de cette partie le prépare ou le conduit à la possession du tout, la résistance ardente, passionnée, est un droit, elle est, on doit le dire, le plus saint des devoirs; les concessions seraient un déshonneur. Il n'y a plus alors qu'une voie de salut : Vaincre ou mourir.

Le principal caractère de la politique ottomane est la résistance. Son gouvernement, prêt à donner aux chrétiens tout ce qui est compatible avec sa dignité, résiste aussitôt qu'on veut lui arracher au-delà de ce qu'il veut, et même ce qu'il veut; c'est son devoir et son droit.

Le jeune sultan, qui préside avec tant de grandeur d'âme aux destins de la Turquie, a très-bien compris que plus grands sont les périls de la situation que lui ont faite les concessions de ses prédécesseurs, plus il y a de gloire à la changer. — Ses peuples se sont associés à sa grande pensée. Ils sont, par amour pour lui et par patriotisme, devenus ce qu'ils étaient aux jours de leurs conquêtes. On les voit pleins de confiance et d'ardeur. Mais vulnérables sur plus d'un point, trop faibles de nombre, d'astuce et de stratégie pour ne pas craindre un revers, quoiqu'ils pussent tout attendre de leur désespoir et de leur ardeur belliqueuse, ils sentent qu'ils courraient le danger d'un nouveau démembrement, si les grandes nations qu'ils ont pour alliées ne venaient à leur secours, en leur donnant assez de sécurité pour n'avoir d'autre soin que celui d'arrêter ou de vaincre leur ennemi.

Le Sultan, fort de son droit comme de l'amour de ses peuples, est prêt à se mettre à la tête de ses armées concentrées sur le Danube. — L'Europe a reconnu la justice de sa cause, la France et l'Angleterre ont résolu de la défendre. Le temps est passé où la faiblesse d'un général ou la corruption d'un ministre donnaient à la Russie de faciles victoires; le temps est venu où les guerres injustes, odieuses aux nations, tournent contre ceux qui les font. Les premières tentatives des troupes moscovites ont été repoussées avec éclat; de grands événements se préparent, espérons que les folles exigences du czar de toutes les Russies seront enfin réprimées et qu'un châtiment exemplaire attend à la fois et les auteurs du honteux désastre de Sinope et l'héroïque vainqueur, sans combat, de la tremblante Moldavie.

Tandis qu'Omer-Pacha, général habile et dévoué, déjoue sur le Danube les combinaisons violentes d'une insatiable ambition; Abdul-Medjid anéantit les efforts de la calomnie, de la corruption et de l'astuce prétendu religieux des agents du czar, en donnant à ses populations chrétiennes des libertés que ne connurent jamais les chrétiens de la Russie, et il présente au monde ému le sublime exemple d'un souverain mahométan, protecteur des chrétiens, luttant avec un souverain orthodoxe, qui conspire, qui soulève, qui dévaste, qui tue au nom du Christ [1]. C'est d'un côté le comble de la grandeur, de l'autre le comble de l'impiété. Tel est l'état des choses. Telle est la politique humaine et civilisatrice du gouvernement ottoman, dont on proclame pourtant la dissolution [2].

Le Sultan conquiert tous les cœurs. Chaque jour il grandit, chaque jour il prouve combien il est digne de prendre place dans notre grande famille européenne, quand, chaque jour, Nicolas voit s'évanouir l'idée qu'il a de sa prépondérance et se tacher les fruits véreux de sa politique.

Au Sultan donc l'honneur de relever un empire que la

---

[1] Nous verrons plus loin les expressions vraiment extravagantes du manifeste du czar, où l'on remarque entr'autres ces phrases pieuses :

« *Dieu! notre sauveur! qui avons-nous à craindre?*

« *Que le Christ ressuscite et que ses ennemis se dispersent!* »

[2] Toutes les munificences de la nature ont échoué longtemps contre l'apathie des Turcs et les vices de leur organisation sociale. Les réformes sont là, plus difficiles que partout ailleurs; cependant, on peut juger par ce que firent Soliman, Sélim III et Mahmoud, de ce que pourrait faire Abdul-Medjid.

Russie voulait absorber (1). A lui l'honneur plus grand encore de prouver au monde qui le contemple que la justice, la modération, la loyauté, sont, en tout pays, les plus fermes soutiens des États.

---

(1) Ce fait ne peut plus être aujourd'hui l'objet du moindre doute ; les pièces diplomatiques publiées par l'Angleterre ont éclairé les plus aveugles. La France les a lues avec orgueil, car elles prouvent qu'on l'a assez estimée pour ne pas lui proposer d'abord sa part d'une telle infamie ; et que plus tard on n'obtint qu'un refus.

CHAPITRE IV.

POLITIQUE ANGLAISE.

Les ministres anglais, si incertains en présence du parlement, fort inquiet, fort impatient de connaître la vérité, sortirent enfin de leur assoupissement dans la séance du 17 février 1854, où l'un des membres de la chambre des communes prononça d'assez dures paroles. — Il se plaignait de ce que le gouvernement n'avait fait entendre aucune protestation contre le passage du Pruth. Examinant ensuite la conduite du gouvernement anglais à l'égard de la Porte et de la France, cet orateur trouva que toutes les propositions ayant un caractère de vigueur et d'énergie sont venues du gouvernement français, dont la droiture et l'honnêteté, disait-il encore, contrastent avec la politique molle et irrésolue de l'Angleterre..... C'était aller trop loin. Mais ces déclamations ne sont pas toujours sans effet; elles préparent les solutions. Voici, par exemple, celle que proposa l'orateur dont je parle : « Tant « que les principautés ne seront pas à l'abri d'une in-

« tervention russe, tant que le Danube ne sera pas ou-
« vert au commerce européen, que la mer Noire restera
« fermée, que la Circassie ne sera pas ouverte, que la
« grande route qui conduit en Perse par le Caucase ne
« sera pas coupée aux empiétements de la Russie, j'es-
« père que l'Angleterre ne consentira pas à négocier,
« ou ne se soumettra pas à des conditions qui, après
« les calamités qu'on a endurées et le sang qui a été ré-
« pandu, seraient une honte pour elle. »

Ce discours était assurément l'expression de l'opinion publique; il la devançait, et le gouvernement anglais le savait parfaitement. Lord Jocelyn a parlé dans le même sens.

« La question, dit-il, intéresse la liberté de l'Europe, et je soutiens que, du moment que le prince Menschikoff a fait son insolente demande, et que les Russes ont franchi le Pruth, il a été du devoir des puissances occidentales d'intervenir. Je ne saurais approuver la politique suivie par le gouvernement, parce qu'elle accuse un manque de vigueur et de résolution; je lui reproche de se laisser tromper par la Russie, en même temps qu'il entre dans une alliance cordiale avec la France qui est si redoutée du czar. Je nie que la politique temporisatrice du gouvernement britannique, qui a sacrifié la flotte ottomane, ait isolé la Russie ou obtenu plus que la neutralité nominale de puissances allemandes.... »

Il était temps pour le gouvernement anglais de répondre catégoriquement. Lord John Russell le fit avec autant de talent que d'énergie; il posa nettement la question, il la grandit; il déclara que la conduite de la Russie était pleine de déception à l'égard de l'Angleterre ; que la mission du prince Menschikoff, que le comte de Nesselrode à Saint-Pétersbourg et le baron Brunow à Londres ne cessaient pas de représenter comme une mission de conciliation, n'était dans le fait, qu'une mission ayant pour but, de manière ou d'autre, d'assurer la supériorité de la Russie sur la Turquie, et de faire de la Turquie à l'avenir la sujette et la vassale de la Russie. Ce n'était peut-être pas la prise de possession actuelle de la Turquie que voulait réaliser le czar, mais il voulait la déconsidérer, afin de pouvoir plus aisément l'absorber plus tard.....

Après cette saine appréciation des choses, le ministre aborda le but de l'alliance entre la France et l'Angleterre, et il s'écria : « Notre devoir est de nous ranger du « côté de la Turquie, et de la défendre contre l'agres- « sion de l'empereur de Russie.

« Si l'on veut connaître nos ressources et nos ar- « rangements, les voici, car le parlement a le droit de « tout savoir. Les deux puissances ne sont mues par « aucune arrière-pensée, aucun intérêt d'égoïsme, ni « désir d'augmentation de territoire ou de puissance. « Elles comprennent qu'il s'agit, en premier lieu, de « l'indépendance de la Turquie, cette puissance ou- « tragée de la manière la plus cruelle et qui a résisté « avec une si grande fermeté aux injustes prétentions de « la Russie.

« Il y a plus encore ; il s'agit de maintenir la paix de « l'Europe dont le czar est de gaîté de cœur le per- « turbateur. Il s'agit de rejeter sur la tête de ce per- « turbateur les conséquences par lui si violemment et,

« je le crois, si imprudemment provoquées. Il s'agit de
« maintenir l'indépendance, non seulement de la Tur-
« quie, mais encore de l'Allemagne et de toutes les na-
« tions européennes.....

. . . .

« Je crois qu'en entreprenant cette lutte, si nous
« n'avons pas l'assistance immédiate de l'Autriche et
« de la Prusse, ces puissances penseront du moins,
« non à aider la Russie, non à se lier vis-à-vis de la
« Russie, mais au contraire à user de toute leur in-
« fluence, et, s'il en est besoin, à mettre en ligne leurs
« armées, pour l'arrêter dans ses projets de marche
« conquérante.

« Il me sera permis d'ajouter, qu'en entrant dans
« cette lutte, nous devons avoir la plus grande con-
« fiance et faire le plus grand fond sur nos alliés les
« Français; l'empereur Napoléon, dans toutes ces af-
« faires et pendant toute une année de communica-
« tions presque quotidiennes, a été si franc, si ouvert,
« si droit, qu'il serait impossible de ne pas mettre en
« lui la plus grande confiance.

« J'arrive aux ressources nécessaires; je ne parle
« pas de *ce qui pourra le devenir ultérieurement*; je dis
« seulement, qu'au début de cette lutte, nous serons
« dans la nécessité d'ajouter une somme de 3 millions
« sterling au chiffre demandé l'année dernière. »

Le ministre a terminé ce discours remarquable par ce passage qui le couronne dignement.

« N'oubliez pas que la guerre entraîne avec elle de
« nouvelles charges; que nul d'entre vous ne suppose

« qu'il nous soit possible d'entrer en lutte contre l'em-
« pire de Russie, dans l'intérêt d'un Etat comparative-
« ment faible, sans avoir à faire des efforts considéra-
« bles, et sans avoir à exiger du peuple d'Angleterre
« des charges plus lourdes que celles qu'il avait à sup-
« porter alors que nous étions en paix avec le monde
« entier. Si le peuple anglais n'est pas dans l'intention
« de supporter ces charges, alors qu'il ne fasse pas cette
« guerre; mais, s'il la fait, qu'il s'efforce de la mener
« à une heureuse issue. Dans le cas où, contre toute
« attente, l'empereur de Russie renoncerait à ses pré-
« cédentes exigences; où, à la face de toute l'Europe
« qui désapprouve sa conduite, et de deux des nations
« les plus considérables de l'Europe, prêtes à entrer
« en guerre contre lui; dans le cas où il viendrait à
« reconnaître l'intégrité et l'indépendance de la Porte
« de la manière qui la peut seule garantir, nous nous en
« féliciterions. Mais, dans le cas contraire, si la paix
« ne peut pas se concilier avec notre devoir vis-à-vis de
« l'Angleterre, vis-à-vis de l'Europe et vis-à-vis du
« monde; si cette puissance énorme en est venue à ce
« point que *sa modération est plus ambitieuse que l'am-
« bition des autres Etats;* enfin, si la Russie ne se con-
« tente pas de moins que de l'assujettissement de tout
« l'empire de Turquie et de la possession de Constan-
« tinople même; si tels sont ses rêves, si tel est son but,
« il ne nous reste plus qu'à nous efforcer d'entrer en lice
« avec un cœur fort, et de nous écrier : Que Dieu pro-
« tége le bon droit! Quant à moi, de grand cœur, j'ac-
« cepte ma part de responsabilité personnelle. »

Ce discours énergique, provoqué par un orateur de l'opposition, fit naître un incident des plus remarquables; le ministre avait demandé qu'on votât immédiatement les hommes et les fonds nécessaires, M. Disraéli prit la parole pour repousser ce vote séance tenante, et cela par une considération qui valait mieux pour le ministère que le vote demandé. Voici ses paroles d'après le *Moniteur* :

« La réponse du noble lord John Russell au discours de M. Layard, dit-il, a été digne de lui et digne de l'occasion. Le noble lord a dit qu'il importait que le chiffre d'hommes demandé par le gouvernement fût voté séance tenante : je ne le pense pas. A mon avis, le vote ne saurait avoir lieu sans une discussion qui ne doit présenter, du reste, aucun inconvénient. L'influence de notre exemple pourra s'exercer à l'étranger. Les nations étrangères apprendront (d'après la nature des débats qui ont eu lieu ce soir dans le parlement anglais) qu'il ne doit y avoir dans cette enceinte *aucune divergence d'opinion* quant au chiffre des hommes à voter ou quant à tout autre vote quelconque qui pourrait être nécessaire afin de soutenir le gouvernement dans la poursuite d'une juste guerre. »

C'est dans de pareilles circonstances que l'opposition s'honore en se taisant, et, mieux encore, en se joignant au gouvernement, et que le gouvernement reçoit de son appui un redoublement de puissance.

CHAPITRE V.

POLITIQUE FRANÇAISE.

La politique de la France se résume en trois mots : EXÉCUTIONS DES TRAITÉS, tout est là pour l'Europe entière; elle est bien caractérisée dans les documents publiés par le ministre habile qui dirige nos relations extérieures, elle est pleinement confirmée par la lettre de Napoléon III au czar Nicolas. — Cette lettre est un des documents le plus remarquable qui soit jamais sorti d'une plume de souverain. Il faut en rapporter quelques passages, quoique cet acte d'initiative personnelle soit dans toutes les mémoires. L'autocrate de toutes les Russies entend, sans doute, rarement un pareil langage.

« La Porte, blessée dans sa dignité, menacée dans
« son indépendance, obérée par les efforts déjà faits
« pour opposer une armée à celle de Votre Majesté, a
« mieux aimé déclarer la guerre que de rester dans cet
« état d'incertitude et d'abaissement; elle avait réclamé
« notre appui; sa cause nous paraissait juste; les esca-

« dres anglaise et française reçurent l'ordre de mouil-
« ler dans le Bosphore. — Il y avait, à l'entrée du
« Bosphore, 3,000 bouches à feu, dont la présence di-
« sait assez haut à la Turquie que les deux premières
« puissances maritimes ne permettraient pas de l'atta-
« quer sur mer. — Quant à la flotte russe, en lui in-
« terdisant la navigation de la mer Noire, nous la pla-
« çions dans des conditions différentes ; parce qu'il
« importait, pendant la durée de la guerre, de conser-
« ver un gage qui pût être l'équivalent des parties oc-
« cupées du territoire turc et faciliter la conclusion de
« la paix, en devenant le titre d'un échange désirable.....
« Ainsi, les troupes russes abandonneraient les princi-
« pautés et nos escadres la mer Noire. »

La politique de la France ne pouvait être plus clairement indiquée ; tout est précis, tout est digne, rien n'est
comminatoire ; on peut même remarquer dans cette
lettre un passage qu'on aimerait mieux ne pas y trouver
(c'est l'éloge du calme qui naît de la conscience de la
force et de la modération digne du chef d'un grand empire). Ce passage était probablement sérieux alors ; on
le prendrait aujourd'hui pour une ironie, et il se ter-
mine très-bien en ce sens par ces mots : Votre Majesté
avait déclaré QU'ELLE SE TIENDRAIT SUR LA DÉFENSIVE.

Quoique l'esprit de conciliatiom paraisse avoir dicté
cette lettre de l'empereur, cela ne l'empêche pas de contenir un avertissement fort significatif qu'il est bon de
reproduire : « Si, par un motif difficile à comprendre,
« dit-elle, Votre Majesté opposait un refus, alors la
« France, comme l'Angleterre, serait obligée de lais-

« ser au sort des armes et aux hasards de la guerre ce
« qui pourrait être décidé aujourd'hui par la raison et
« par la justice. » — La réponse du czar a été négative.

Le *Moniteur* du 19 février se borna à dire à la France qu'elle ne laissait pas de chances à une solution pacifique, et que nous devions nous préparer à soutenir, par des moyens plus efficaces, la cause que n'ont pu faire prévaloir les efforts persévérants de la diplomatie.

C'était assez pour préparer l'opinion publique.

Le *Moniteur*, en parlant ainsi, n'a surpris ni effrayé personne. La France est à la hauteur des circonstances; elle saura prouver que, malgré tant d'accusations intéressées élevées contre ses sentiments politiques, elle est et veut rester la tête de la civilisation; et que, malgré quarante ans de paix, ses armées sont encore ce qu'elles étaient en Italie, à Vienne, à Berlin, à Moscou.

CHAPITRE VI.

POLITIQUE DE LA RUSSIE.

Nous arrivons au moment d'examiner la conduite de la Russie et la lettre du czar qui est la plus pompeuse expression de ses desseins audacieux et le plus haut indice de ses illusions funestes.

On s'est beaucoup récrié contre la publication de cette lettre; on l'a trouvée arrogante, on l'a trouvée stupide, on l'a trouvée généreuse; chacun l'ayant jugée au point de vue de ses opinions personnelles. Cet acte n'a aucun de ces défauts, aucune de ces qualités. Il est ce qu'il devait être, pour l'homme qui l'écrit, pour le peuple auquel il le communique.

Il est conforme à la politique russe; conséquemment empreint d'un vernis de civilité avec un fond d'astuce et d'inhumanité; oui, d'astuce et d'inhumanité; car on n'y prend nul souci de l'effusion du sang humain; l'*orthodoxie*, un mot, une subtilité, semble avoir été le seul objet des préoccupations apparentes du czar, mais sa véritable pensée était ailleurs.

Malgré le rire d'incrédulité qui accueillit cette expression nouvelle en diplomatie; on y revient dans le manifeste qui parut le même jour que la lettre, et qui en est, en quelque sorte, la conséquence inévitable. Nous y reviendrons aussi.

Examinons d'abord les principaux arguments que le czar fait valoir, non pas pour justifier son agression, mais pour prouver qu'il y a été contraint.

« Si la Porte, dit sa lettre, avait été laissée à elle-
« même, le différend qui tient en suspend l'Europe *eût*
« *été depuis longtemps aplani*; UNE INFLUENCE FATALE
« est seule venue se jeter à la traverse, etc., etc. »

Évidemment, il s'agit ici de l'influence anglaise, de celle de l'ambassadeur britannique à Constantinople, qui lutta avec la plus grande énergie contre celle que voulait exercer l'ambassadeur de Russie, par l'arrogance et l'intimidation. Tout autocrate qu'il est, le correspondant de Napoléon III ne se serait pas permis une telle accusation si elle devait s'appliquer à l'Empereur français; on a pu l'induire d'une autre expression employée avec réflexion. — Mais l'induction n'est pas juste, car le mot serait une insulte toute gratuite, en réponse à une lettre pleine de convenance et de dignité, et, d'ailleurs, ce n'est pas, comme on le verra plus tard, à l'Empereur français que le czar en veut le plus, c'est au ministère anglais. Il sait que l'influence fatale est partie des bords de la Tamise; il peut être inquiet de l'alliance occidentale, il peut désirer de la dissoudre, il n'épargnera rien pour cela, et ce serait mal jouer son rôle que d'outrager Louis-Napoléon. C'est contre l'Angleterre qu'il dirigera ses foudres autocratiques. Selon lui, la Grande-Bretagne est jalouse de la marine moscovite, des chantiers de la Baltique et des flottes de la mer Noire. Il croit qu'elle craint pour ses possessions d'Asie. Plein de ces idées empruntées à Pierre-le-Grand, il voit dans l'Angleterre une ennemie capitale, comme elle voit en lui le seul potentat qui puisse l'inquiéter. Passons-lui cette bouffée d'orgueil, et continuons :

« En provoquant des soupçons gratuits, en exaltant
« le fanatisme des Turcs, disait le czar, en égarant leur
« gouvernement sur mes intentions et la vraie portée
« de mes demandes, elle a fait prendre (l'influence fa-
« tale) à la question des proportions tellement exagérées,
« *que la guerre a dû en sortir.* »

Est-ce de la guerre de Turquie que le czar entend parler ici ? Assurément non. — Il y aurait dans l'allégation quelque chose de malhabile, puisque toutes les dispositions militaires de la Russie étaient prises bien avant la déclaration de la France et de l'Angleterre. La guerre a dû sortir des *proportions exagérées* qu'on a données à la question. — Qui les a données ? La France et l'Angleterre. C'est donc de la guerre avec les puissances occidentales qu'il s'agit. Le czar ne s'y attendait pas, sans doute, autrement il aurait regardé à deux fois la cause, le but et les conséquences.

Le différend avec la Porte ottomane était si minime aux yeux de l'autocrate, qu'il ne pouvait pas croire que l'Angleterre pût s'y mêler.

Il s'était trompé, et c'est cette erreur qu'il déplore avec tant d'amertume, sans vouloir en convenir. Il se dit, dans son isolement, il est trop tard pour reculer, et je n'ose plus avancer. J'étais en mesure pour effrayer la Turquie, pour lui arracher de nouvelles concessions, pour faire un pas de plus sur Constantinople; le suis-je pour résister aux injonctions de la France et de l'Angleterre? le suis-je surtout si la Prusse m'est infidèle et si l'Autriche se joint à mes ennemis?

La question est grave, le cas embarrassant.

Revenons cependant encore à ses paroles authentiques; elles sont plus claires que ne pourraient l'être les nôtres et elles ont été démenties par les faits.

« L'occupation des provinces danubiennes, *purement*
« *éventuelle encore*, a été devancée et en grande partie
« amenée par un fait antérieur, fort grave, celui de *l'ap-*
« *parition des flottes combinées* dans le voisinage des Dar-
« danelles, outre que déjà, bien auparavant, *quand l'An-*
« *gleterre hésitait encore*, Votre Majesté *avait la première*
« envoyé sa flotte *jusqu'à Salamine. Cette démonstration*
« *blessante* annonçait, certes, peu de confiance en moi. »

Il n'y a pas un mot dans ce passage qui n'ait une certaine importance. Au point de vue russe, on persiste à vouloir persuader au monde que l'invasion des principautés n'avait pas la portée qu'on lui a donnée. *L'occupation était purement éventuelle.* — La contexture de la phrase indique qu'on ne serait pas fâché de faire croire qu'elle n'a pas cessé de l'être.

Votre Majesté avait — *la première* — envoyé sa flotte à Salamine. Le trait est direct; mais s'il prouve le fondement de l'irritation de l'autocrate, il prouve aussi que Napoléon III ne s'était pas mépris sur l'effet de cette démarche significative; et que, lorsqu'on l'accusait en France de donner un coup d'épée dans l'eau, il donnait, au contraire, un coup qui atteignait le czar Nicolas au cœur. Cette démonstration, qu'on regardait en France comme insuffisante, légère et périlleuse, l'autocrate de toutes les Russies la considérait comme blessante, et d'autant plus que l'Empereur français avait le premier donné le signal de l'hostilité. Il faut bien qu'il en soit ainsi, puisque l'orgueil autocratique en convient. L'empereur de Russie développe, même très-bien, les conséquences de cette démonstration sur les Turcs qu'elle encourageait, dit-il, et sur les négociations dont elle *paralysait le succès*. Il ressort parfaitetement de tout ceci que le gouvernement français a pris une initiative honorable, dangereuse, peut-être, mais glorieuse pour sa politique, en présence de l'Angleterre incertaine et attendant pour se prononcer officiellement que son ambassadeur lui ait écrit de Constantinople: Il le faut; avancez; il est temps.

« Les puissances, dit encore le czar, pour peu qu'elles
« voulussent sérieusement la paix, *étaient tenues* à ré-
« clamer d'emblée l'adoption pure et simple de la note
« de Vienne, au lieu de *permettre à la Porte* de modifier
« ce que nous avions adopté sans changement. Malheu-
« reusement une partie de la flotte anglo-française était
« déjà entrée dans les Dardanelles, *sous prétexte* d'y pro-
« téger la vie et les propriétés des nationaux anglais et
« français; et, pour l'y faire entrer tout entière, sans vio-

« ler le traité de 1841, il a fallu que la guerre me fut
« déclarée par le gouvernement ottoman. »

Il y a dans ce langage une âcreté qui décèle le dépit qu'éprouve l'héritier du sceptre de Pierre-le-Grand à trouver sa diplomatie en défaut. Ces mots, *sous prétexte*, sont un peu forts, il faut en convenir. Comment! les principautés étaient envahies, Constantinople menacé, et les flottes n'avaient pas le droit de faire acte de présence! Fallait-il donc attendre que le czar eût détruit l'armée turque pour venir au secours de la Turquie? Fallait-il attendre que sa flotte fut embossée sous les murs du sérail, ou dans les Dardanelles pour en défendre l'entrée?

« Selon l'opinion du czar, si la France et l'Angleterre
« avaient voulu la paix *comme lui*, elles auraient dû *em-*
« *pêcher, à tout prix*, cette déclaration de guerre, ou, la
« guerre, une fois déclarée, — faire au moins en sorte
« qu'elle restât dans les limites étroites *qu'il désirait lui*
« *tracer sur le Danube*, afin qu'il ne fût pas arraché au
« système *purement défensif* qu'il voulait suivre. »

Il eût sans doute été fort agréable au czar que la Turquie pût croire qu'elle avait contre elle la France et l'Angleterre; la guerre eût été bientôt finie, et très-certainement finie au profit de la Russie.

Mais quelles raisons pouvaient avoir la France et l'Angleterre de suivre l'opinion du czar? et surtout de favoriser ses entreprises contre une nation dont l'existence a été déclarée nécessaire à l'équilibre européen? Empêcher à tout prix la déclaration de guerre de la Turquie humiliée par l'occupation d'une partie de son empire, était chose assez difficile. Le czar parle de la Turquie en homme qui sait comment le fort sait dominer le faible; mais la France ne pouvait rien de ce qu'aurait voulu le czar. La France ne pouvait et ne devait rien tenter de semblable. Si la guerre a été déclarée, c'est que le czar l'a voulu; cette guerre était conforme à ses vues; elle était le complément de son système de *protection des sujets turcs*. Quant à faire en sorte que la guerre déclarée restât dans les limites que le czar désirait lui tracer, cette conduite des puissances occidentales eût été purement et simplement un abandon de tous les droits résultant des traités faits dans l'intérêt de l'Europe entière; une sanction tacite des prétentions de la Russie sur la Turquie; un moyen de les lui laisser accomplir le plus facilement et le plus promptement possible. Cette conduite, il faut bien le dire, eût été une véritable trahison.

Il est évident que l'embarras dans lequel se trouve la Russie ôte à son autocrate la libre disposition de son esprit, si fécond quand il se trouvait tête-à-tête avec la Turquie; c'est là ce qui fait le mal, ce qui envenime la querelle. Nous allons en trouver d'autres preuves, non moins claires, non moins positives, et toutes émanant de l'initiative personnelle du czar Nicolas.

Il est essentiel de bien peser les paroles suivantes, elles ont une portée qu'on ne voulait pas leur donner.

« Si le rôle de *spectateur*, ou celui de médiateur même,
« ne suffisait pas à Votre Majesté et qu'elle voulût se faire
« *l'auxiliaire armé* de mes ennemis, alors, sire, *il eût été*
« *plus loyal* et plus digne d'elle de me le dire franche-
« ment d'avance, *en me déclarant la guerre*, chacun alors
« eût connu son rôle. »

L'irritation emporte ici le czar au-delà de toutes les limites d'une discussion entre souverains. Il n'est pas un mot qui ne blesse et qui ne soit une invective. Il *eût été plus loyal,* sont des expressions qu'on n'emploie guère qu'avec un fripon, un imposteur. A quel propos aussi la France eût-elle déclaré cette guerre à laquelle elle ne songeait pas? C'eût été gratuitement aggraver l'oppression de la Porte ottomane. — Le rôle de la France eût été odieux si elle eût abandonné le sultan; plus odieux encore si, en déclarant la guerre au moment où elle n'était pas préparée à la faire, elle eût ainsi motivé toutes les violences et toutes les exigences de la Russie. Cela pouvait convenir au czar, mais ne convenait nullement aux puissances occidentales.

Plus le czar avance dans sa polémique, plus il s'irrite; il n'admet pas surtout qu'on blâme l'exploit de Sinope, pour lequel il a donné de brillants éloges et de belles récompenses.

C'est au sang versé qu'il mesure la gloire.

« Si les coups de canon de Sinope, dit-il, ont re-
« tenti douloureusement dans le cœur de tous ceux qui,
« en France et en Angleterre, ont le vif sentiment de
« la dignité nationale, Votre Majesté pense-t-elle que
« *la présence menaçante à l'entrée du Bosphore* des trois
« mille bouches à feu dont elle parle, *et le bruit de leur*
« *entrée dans la mer Noire*, soient des faits restés sans
« écho dans le cœur de la nation dont j'ai à défendre
« l'honneur? »

Voilà une récrimination qui est aussi injuste qu'elle est tardive. — Elle est sans intérêt, puisque le massacre commis dans les eaux de Sinope est antérieur à l'apparition hostile des flottes dans la mer Noire. Il suffit, en effet, pour s'en convaincre, de rapprocher les dates des événements. — Il est constant que l'escadre française n'a mouillé dans la baie de Salamine, au mois de mars, que parce que depuis le mois de janvier des rassemblements de troupes se formaient sur la frontière de la Turquie. Que les forces navales de France et d'Angleterre ne se sont rendues vers les Dardanelles qu'à la fin du mois de juin et lorsque l'armée russe occupait les rives du Pruth, et que la résolution de franchir cette limite de l'empire ottoman était hautement annoncée vers la fin du mois de mai; que nos flottes n'ont été plus tard à Constantinople que parce que le Pruth était passé et les principautés envahies ; qu'enfin les flottes ne sont entrées dans la mer Noire que parce que les vaisseaux russes avaient anéanti la flotte turque embossée sans défiance dans le port de Sinope; or, la destruction de la flottille turque, à l'ancre dans un port turc, avant toute déclaration de guerre, en même temps, au contraire, qu'on affichait des sentiments pacifiques, eût été un acte déloyal quand les flottes combinées auraient été dans la mer Noire ; mais dans les circonstances où les faits se sont passés, cet acte de barbarie atroce prouve une duplicité qui rend suspectes, au plus haut point, les déclarations bienveillantes dont on fait tant d'étalage, il prouve de plus que tout avait été préparé de longue main pour une guerre terrible contre la Porte ottomane.

Le czar a craint, sans doute, que les paroles que nous avons rapportées ne produisissent pas assez d'effet; il lui a plu d'outrager la France elle-même, présumant bien que Napoléon III sentirait plus vivement une insulte au pays que celle qui lui serait personnelle. Voici cet étrange passage, qu'on supporterait dans la bouche d'un kalmouk, mais peu séant dans celle d'un czar.

« Quoique Votre Majesté décide, ce n'est pas *devant
« la menace que l'on me verra reculer*; ma confiance est
« en Dieu et dans mon droit; et la Russie, j'en suis ga-
« rant, se *montrera en 1854 ce qu'elle fut en 1812.* »

N'y a-t-il pas là un peu trop de cette forfanterie, qui fait le fond de la civilisation russe? N'y a-t-il pas irréflexion et même un peu de cette folie inhérente au pouvoir absolu et toujours le précurseur de sa chute.

On peut parler ainsi à des hordes du Don, de Tombou ou de Kasan, mais on ne tient pas ce langage à l'Europe témoin des faits. Invoquer le souvenir de 1812, de cette année trois fois néfaste où la Russie fut vaincue, où elle fut aculée de défaite en défaite jusqu'au-delà de sa capitale; où de ses propres mains elle incendia Moscou pour affamer l'armée française; où une retraite désastreuse par la fureur des éléments plus que par les combats, ne laissa aux Russes que des dépouilles à enlever aux morts de froid, aux voitures sans conducteurs et sans chevaux, aux mourants sans défense; c'est oublier, c'est controuver l'histoire. Il faut être bien mal inspiré, bien malheureusement préoccupé de ce qui va se passer, pour comparer la grande invasion de 1812, terminée par la bataille et l'incendie de Moscou, avec l'invasion en temps de paix de deux provinces amies, avec les petits combats qui désolent les rives du Danube, sans résultats pour le plus fort, sans gloire pour les plus nombreux ; où, en un mot, le plus fort et le plus faible sont tour à tour et vainqueurs et vaincus. Il est un autre rapprochement qui, à plus juste titre, devrait frapper le czar : c'est que sans *l'obstination* de l'autocrate français à rester dans Moscou, il pouvait l'année suivante dicter ses conditions à Saint-Pétersbourg. Napoléon, résistant aux conseils de ses généraux, à ceux de la prudence, donna une nouvelle sanction à cette vérité de tous les siècles :

L'obstination perd plus d'empires que les armées n'en sauvent.

Nous arrivons à la partie la plus curieuse, la plus conforme à la politique cauteleuse de la Russie. Ce paragraphe mérite d'être médité ; il le sera plus par ceux qui le liront qu'il ne l'a été par celui qui l'a fait.

« Si, toutefois, dit le czar, de ce ton tantôt aigre et tantôt mielleux, qui lui est si familier et qui lui fait non moins d'ennemis que d'amis.

« Si, toutefois, Votre Majesté, *moins indifférente à*
« *mon honneur,* en revient franchement à notre pro-
« gramme ; si elle *me tend une main cordiale,* comme
« je la lui offre en ce dernier moment, j'oublierai volon-
« tiers ce que le passé peut avoir eu de blessant pour
« moi. — Alors, Sire, mais alors seulement, nous
« pourrons discuter et *peut-être nous entendre.* Que sa
« *flotte se borne à empêcher les Turcs de porter de nou-*
« *velles forces sur le théâtre de la guerre,* je promets vo-
« lontiers qu'ils n'auront rien à craindre de mes tenta-
« tives ; qu'ils m'envoyent un négociateur, je l'accueil-

« lerai comme il convient. *Mes conditions sont connues*
« *à Vienne. — C'est la seule base sur laquelle il me soit*
« *permis de discuter.* »

C'est-à-dire que le czar, avec cette modération, ce désir de la paix qu'il exprime si bien, exige de l'Empereur français ce qu'il n'obtiendrait pas après une bataille gagnée. — Comment! pour arriver à reprendre des négociations, dans lesquelles on pourrait *peut être s'entendre*, il faudrait que la France eût commis l'action la plus basse qui se puisse imaginer!... que sa flotte, armée pour soutenir la Turquie et pour faire respecter les traités européens, se fut tournée contre la Turquie et contre l'Europe elle-même, puisqu'empêcher les Turcs de centraliser leurs forces sur les points où se livreront les combats, ce serait reconnaître, ce serait assurer, protéger, augmenter la prépondérance de la Russie. — Proposer de telles transactions, n'est-ce pas dire qu'on veut la guerre? C'était assurément un soin bien superflu au point où sont arrivés les hommes et les choses, car il y a longtemps que la conviction de l'Europe est formée.

Si maintenant l'on pèse équitablement le langage des deux empereurs, on reconnaît que celui de Napoléon III est franc et net et qu'il démontre que le droit des gens a été violé. Que celui du czar est saccadé comme la voix de la colère; qu'il est en contradiction avec les faits et les documents diplomatiques, et qu'il a fallu que le czar en vînt à ce point pour donner une apparence de justice à ses récriminations. On reconnaît aussi que la France et l'Angleterre n'ont rien fait dans l'intérêt général auprès de la Turquie, que ce que le czar a fait vingt fois dans son intérêt personnel; il en convient même en se plaignant de ce qu'on n'a pas assez pesé sur les délibérations du divan, tant il sait ce que produit le poids de sa parole et de son épée.

Les peuples de France et d'Angleterre n'ont jamais cru à l'intérêt réel de l'autocratie pour les lieux saints; ils croyent à des vues ambitieuses et dominatrices, non-seulement sur la Turquie, mais sur l'Autriche la Prusse, la Baltique, le Bosphore et la Méditerranée. Tout le monde sait que les chrétiens d'Orient jouissent de plus de liberté en Turquie qu'en aucune partie de la Russie; tout le monde sait que le gouvernement turc, s'inspirant des idées de tolérance qui accompagnent toujours la civilisation, a émancipé les chrétiens laïques de l'autorité des prêtres grecs et assuré la liberté absolue de conscience; tout le monde espère que la liberté civile suivra de près ces grandes améliorations, et que plus ces sentiments jetteront de racines dans un sol remué par tant de révolutions, plus impossible deviendra le succès des entreprises de la Russie sur Constantinople. Le sultan apprécie parfaitement sa position à l'égard des chrétiens qu'il protége, aussi bien qu'à l'égard de la Russie, qui a d'excellentes raisons pour vouloir les protéger aussi.

A qui persuaderait-on, par exemple, que l'insurrection de la Grèce n'est pas l'œuvre de la protection russe? Est-ce que ce qu'elle fait en ce moment n'est pas le pendant de la protection accordée à la Pologne? — Souffler le feu, puis arriver en protecteur pour l'éteindre et s'emparer du sol, telle fut toujours la marche de ce gouvernement, saintement parjure, chrétiennement sanguinaire, et s'applaudissant des désastres d'une guerre sans gloire, dût l'Europe entière en souffrir et le couvrir de ses malédictions. — Qu'on y prenne garde la protection de la Moldavie aura une conséquence à laquelle l'autocrate du nord n'a pas songé. Le souvenir de ses bienfaits entretiendra dans le cœur des Osmanlis le double fanatisme d'une religion qui se lie à la politique; et de l'amour de la patrie qui est pour les ottomans une sorte de religion, ou si l'on veut, un second, un puissant, un sublime fanatisme. — On a tout fait pour inspirer de l'exaltation; on en aura autant d'un côté que de l'autre, car rien ne prouve mieux, de la part du czar russe, la volonté de combattre à outrance que les termes du manifeste publié tout exprès, pour exciter le fanatisme religieux, comme dans tant d'autres circonstances.

« Nous avions espéré, dit le czar à ses peuples, que
« la réflexion et le temps convaincraient le gouverne-
« ment turc de son erreur suggérée *par de perfides in-
« sinuations*, dans lesquelles on représentait nos pré-
« tentions justes et fondées sur les traités, comme un
« empiétement sur son indépendance cachant des ar-
« rières-pensées de domination.

« Mais vaine a été jusqu'à présent notre attente...

« Ainsi, contre la Russie *combattant pour l'ortho-
« doxie*, se placent à côté des ennemis de la chrétienté,
« l'Angleterre et la France. *Mais la Russie ne manquera
« pas à sa sainte vocation*, et, si sa frontière est envahie
« par l'ennemi, nous sommes prêts à lui faire tête avec
« l'énergie dont nos ancêtres nous ont légué l'exemple.
« Ne sommes-nous pas aujourd'hui encore ce même

« peuple russe *dont la vaillance est attestée par les fastes*
« *mémorables de l'année* 1812 ? — Que le Très-Haut
« nous aide à le prouver à l'œuvre. — Dans cet espoir,
« combattant *pour nos frères opprimés* (1), qui confessent
« la foi du Christ, la Russie n'aura qu'un cœur et une
« voix pour s'écrier : *Dieu notre Sauveur ! qui avons-*
« *nous à craindre ? que le Christ ressuscite et que ses en-*
« *nemis se dispersent*... »

Cette dernière phrase, rapprochée de celle qui commence ce paragraphe, où l'autocrate déplore la coopération de deux nations chrétiennes, semble indiquer aux Grecs et aux Russes que la résurrection du Christ dispersera les Anglais et les Français, quoique chrétiens. Oh ! la bonne orthodoxie !... Quels sentiments humains et qu'ils ont un doux parfum de gloire et de civilisation !

Quelque ridicule qu'il paraisse à ceux qui le jugent au point de vue français, ce manifeste est pourtant parfaitement approprié au génie des peuples auxquels il est adressé. — On veut une guerre sainte, comme jadis en Algérie ; on emploie les mêmes moyens, espérons qu'on obtiendra les mêmes résultats.

(1) Les frères opprimés, ce sont les Grecs sujets du Sultan ; c'est pour les soulever qu'on publie de pareilles exagérations, sans citer un seul fait à l'appui de cette plainte fraternelle.

CHAPITRE VII.

QUESTION D'ORIENT AU POINT DE VUE EUROPÉEN.

Après avoir esquissé le tableau des misères de la guerre d'Orient, sous le rapport des intérêts de la Turquie, de la France et de l'Angleterre, il nous reste à considérer la question au point de vue des intérêts européens. Quoiqu'ils se confondent avec ceux des puissances belligérantes, il est cependant des points capitaux que nous n'avons pas encore suffisamment envisagés et qui méritent une attention spéciale.

Il est évident que la Russie, malgré ses dénégations, malgré ses protestations pacifiques, veut la dislocation de l'empire ottoman ; c'était le vœu de Pierre Ier, ce fut celui de Catherine II ; il en fût question sous le pavillon du Niémen, où le traité de Tilsitt se débattit entre les deux empereurs en expectative d'Orient et d'Occident. Il serait donc bien superflu de développer encore une vérité palpable pour les esprits les moins exercés aux affaires politiques. — Elle se développe d'elle-même.

La destruction de l'empire d'Occident ayant été jurée, effectuée par l'Europe en 1814, avant qu'il ne fut complétement achevé, la Russie fit trêve à ses projets sur la Turquie pendant les grands débats de 1814 et 1815, où ses armées avaient horriblement souffert.

Il n'en est plus de même aujourd'hui. Elle est embarrassée d'un luxe de population qui l'inquiète; elle n'a plus l'emploi de ses trésors de papier-monnaie; elle ne sait plus que faire de ses 1,200 mille soldats, toujours couverts des lauriers du Caucase et de la Vistule; il lui faut la guerre, il lui faut Constantinople, pour compléter son empire d'Orient.

Le moment est venu, peut-être, d'examiner si l'Europe n'est pas à l'égard de la Russie dans la situation qui lui fut faite en 1810 à l'égard de la France; — si l'Europe peut rester indifférente à un débat où s'agitent ses plus graves intérêts;—si l'Europe, qui n'a pas voulu supporter le joug éclatant d'un grand homme et d'un grand législateur, employant tout son ascendant à répandre les lumières, les arts et la civilisation, se sent disposée à supporter celui de l'autocrate qui, sans avoir jamais livré un combat, sans pitié, sans affection pour son peuple, sans humanité pour les autres, n'a d'autre sentiment que celui d'un orgueil irascible, d'autre loi qu'un despotisme avilissant pour l'espèce humaine.

A vrai dire, la Russie a soulevé moins d'irritation par ses conquêtes clandestines sur la Perse, sur la Suède, sur la Chine, sur la Pologne et sur la Turquie, que la France par ses grandioses batailles de Zurich, de Marengo, de Rivoli, d'Iéna, d'Austerlitz, de Friedland et de Wagram ; on est donc bien plus tolérant pour les petites usurpations de la Russie, qui n'ont humilié aucune nation occidentale, qu'on ne le fut pour les conquêtes de la France. Mais les nations amies de la paix se soulèvent d'indignation à l'idée qu'il suffit de la volonté d'un despote pour remplacer partout l'industrie par le désordre, et la prospérité par la misère. Elles se disent à leur tour : qu'il suffirait d'un homme de génie pour les armer spontanément contre cette volonté envahissante et pour mettre en morceaux ce vaste échiquier de cent couleurs qu'on appelle les Russies. Cela serait d'autant moins difficile que tous les peuples — disséminés par les czars — ont, par antipathie, conservé leur nationalité, malgré les efforts de fusion entrepris par le gouvernement russe. Il n'y a pour cela qu'une chose à faire : Il faut, dit-on, que les quatre grandes puissances unies à la Turquie fassent un ukase européen, comme celui de Catherine à l'égard de la Crimée, portant que la Pologne, la Suède, la Turquie, sont reconstituées comme elles l'étaient avant les usurpations de la Russie. Telle est l'idée qui fermente dans toutes les têtes anglaises, allemandes et françaises. Elle est simple, elle est grandiose, comme toute idée éminemment populaire ; mais l'exécution présente une multitude d'obstacles que quarante ans de guerre ne surmonteraient peut-être pas. Ainsi, le remède serait pire que le mal ; il en faut choisir un autre.

Le seul moyen de terminer ce grand différend, si cruel pour les populations industrieuses, si odieux pour les mères de famille, si antisocial, si antichrétien, c'est l'exécution des traités, c'est de suivre imperturbablement la voie généreuse ouverte par la France et l'Angleterre. L'Europe serait assez vengée.

Il n'est pas possible, en effet, que la Russie tienne deux ans dans cet état de choses qui arrête tout dans un pays où il y a tant à faire. — Son commerce est aux abois, son armée décimée par les maladies et par la désertion, ses généraux sans confiance, sa marine bloquée; comment donc pourrait-elle continuer la guerre dans des pays déjà ruinés? comment, malgré ses levées d'hommes, pourrait-elle en équiper assez pour résister aux troupes françaises, anglaises; aux Ottomans, enhardis par la présence de nos grandes escadres; et comment supporter l'humiliante indisponibilité de ses flottes?

Si cette opinion est juste aujourd'hui combien ne le serait-elle pas plus encore si les escadres alliées détruisaient ou capturaient ces vaisseaux, ces marins qui ont coûté tant d'or et de soins à la Russie et qu'il lui serait si difficile de remplacer!

Les Russes ont sur nous l'avantage d'être chez eux, mais nous avons sur eux celui de pouvoir les attaquer sur tous les points où il nous plaira de conduire les forces de la France et de l'Angleterre, en même temps que la Turquie défendra ses frontières. Les mers sont fermées aux Russes, elles nous sont ouvertes. Ils peuvent sans doute s'enfuir dans leurs déserts, et nous ne pouvons les y suivre; mais, s'ils y rentraient, ce serait nous livrer le littoral, c'est-à-dire, leurs richesses, leurs ressources, leur puissance.

Privée d'importations, d'exportations, que ferait la Russie de ses produits qui font sa fortune? que deviendrait-elle sans ceux qui lui sont nécessaires? N'est-ce pas la gêne que lui imposait le blocus continental qui l'arma, qui lui fit braver le hasard des batailles?... Pendant ce blocus, elle avait contre elle l'Angleterre, mais pour elle était la France. Elle ne put cependant y tenir; elle fléchit devant la nécessité. Comment supporterait-elle son isolement aujourd'hui qu'elle a tout à la fois contre elle la France, l'Angleterre, la Turquie et vingt points de débarquement pour les opérations continentales ou maritimes.

Le czar comprend enfin sa position; il en sent toute la gravité, il se défend de ses actions, et plus il s'en défend plus il prouve qu'elles sont pesantes pour lui. Nous avons vu combien le servaient mal sa lettre à Napoléon III et son manifeste de février. Le voilà qui, maintenant, fait pour se justifier des confidences qui achèvent de convaincre l'Europe du fondement des accusations qu'elle porte contre lui!

Peut-on rien imaginer de plus imprudent que le document du 2 mars 1854, où l'on trouve la confession suivante :

« *Depuis l'année* 1829, Sa Majesté suivait avec une sérieuse attention la marche des événements en Turquie. L'empereur ne pouvait fermer les yeux aux conséquences des changements qui tour à tour s'étaient introduits dans l'existence de cet État. Aux causes permanentes et toujours croissantes de dissolution étaient venues s'ajouter récemment d'autres complications (celles des lieux saints), qui, en entretenant une sourde fermentation parmi les populations chrétiennes, pouvaient, d'un jour à l'autre, déterminer une catastrophe nouvelle qu'il était instant de prévenir.

« Pénétré de l'extrême importance d'une pareille éventualité, entrée presque à cette époque dans le domaine du possible, — sinon entièrement du probable; — convaincu des suites désastreuses qui pourraient en résulter, l'empereur éprouva le besoin de s'assurer par avance si le gouvernement anglais partageait ses appréhensions. Il voulait surtout éloigner, par une franche entente préalable, tout sujet de désaccord entre la Grande-Bretagne et lui. »

Que signifient de telles paroles, si elles ne prédisent pas la chute de l'empire turc et l'intention de s'en emparer, au préjudice de tous les intérêts attachés à sa conservation?

Ainsi se trouve prouvée la justice des doléances que font entendre les populations autrichiennes, prussiennes, allemandes et suédoises. — Ainsi sont justifiés les prévisions de la France et le droit de l'Angleterre d'accuser l'autocrate russe de vouloir, en 1854, ce qu'il voulait en 1829, et 1844.

L'état de subordination dans lequel sont les nations allemandes, les forcera-t-il de rester inutiles spectatrices d'un débat qui les touche de si près? — Dans la réponse à cette question, se trouve l'importante solution que l'Europe attend avec anxiété.

A l'époque de 1829, où l'empereur de Russie manifestait déjà ses velléités sur la Turquie, les traités de 1815 étaient dans toute leur force; on n'y avait encore porté aucune atteinte. Ils étaient respectés de toutes les puissances, et l'autocrate orthodoxe, seul, proposait de les anéantir à son profit. L'Angleterre ne se laissa pas prendre au piége qu'on lui tendait ; elle résista, ce qui n'empêcha pas le czar de revenir à la charge et de se mettre à l'œuvre en 1854.

On s'étonne, à bon droit, qu'un diplomate aussi consommé ait pu faire une telle proposition ; — on s'étonne encore plus qu'après un refus de concours, il ait osé publier un tel fait et le donner comme un témoignage de désintéressement et de bonne foi. — La tâche était difficile. — La justification parut plus qu'incomplète. Le document fut, toutefois, déclaré vrai ; mais les conséquences qu'on en tirait furent repoussées comme fausses, et, par droit de représaille, le ministère anglais publiant une partie seulement de la correspondance invoquée par le czar, on en vit sortir la certitude de la proposition faite par lui de traiter la Turquie comme autrefois on avait traité la Pologne.

Il ne s'agit plus maintenant de présomptions plus ou moins concluantes : Des faits, des actes publics viennent prouver à tous les peuples, juges de ce grand débat, dans la mesure de leurs intérêts nationaux, que leur simple bon sens les avait avertis des dangers dont ils sont menacés.

Quelle preuve plus éclatante du mécontentement, des inquiétudes de l'Allemagne, que les manifestations que l'Autriche et la Prusse s'efforcent de comprimer. L'amitié du roi de Prusse pour l'autocrate qui viole les traités, qui blesse les intérêts les plus graves, importe peu à l'Allemagne; il lui importe moins encore que l'autocrate ait aidé l'Autriche à dompter l'insurrection hongroise? Il n'y a là que des questions d'homme à homme, des services intéressés, si l'on veut; mais les nations ne peuvent en être victimes, elles rougissent de ces neutralités qui ne sont que des trahisons en expectative; elles en voient, elles en sentent déjà le contre-coup; elles pensent, à tort sans doute, mais elles pensent que l'Angleterre et la France mettront un terme aux hésitations mal calculées du roi de Prusse et de l'empereur d'Autriche, évidemment contraires aux intérêts de cette grande agrégation de peuples divers qui composent la bonne, la grande, l'intelligente et patriotique Allemagne.

L'autocrate, habitué à tromper ses peuplades ignorantes et sa noblesse qui veut bien, courbant la tête, avoir l'air d'applaudir, se fait une étrange illusion s'il croit tromper aussi les peuples de l'occident, et trouver dans leur gouvernement le langage et la soumission de ses grands vassaux. Ses finesses diplomatiques n'abusent plus que lui seul.

Ce langage astucieux d'un memorandum de 1854 : « La Russie et l'Angleterre ont un égal intérêt à unir « leurs efforts pour affermir l'existence de l'empire ot- « toman et pour écarter les dangers qui peuvent com- « promettre sa sécurité. » Ce langage a été traduit en Angleterre par cette autre pensée : « La Russie veut « le renversement de l'empire ottoman, on ne saurait « surveiller ses projets, ses démarches avec trop de sol- « licitude; — préparons-nous donc à la plus vigoureuse « résistance et, s'il le faut, à la guerre. »

Nicolas ne tarda pas à s'apercevoir de l'opinion du gouvernement anglais. Il louvoya, mais il n'abandonna jamais son idée fixe. Il modifia l'expression, il tourna la difficulté, il souleva des points de contact. Il accrédita ce principe que, chaque fois que la Porte manque à ses obligations envers *l'une* des grandes puissances, il est de l'intérêt de toutes les autres de lui faire sentir son tort et de l'exhorter sérieusement à faire droit au cabinet qui demande une juste réparation. *Dès que la Porte ne se verra pas soutenue* par les autres cabinets, disait-il encore dans ce memorandum, ELLE CÉDERA.

O Machiavel! es-tu ressuscité dans les murs de Moscou? Comme ici la convoitise russe sonde impudemment la convoitise anglaise, et comme l'autocrate donne beau jeu à la politique de son adversaire!... Le gouvernement anglais ne rejeta pas d'abord ces propositions par insinuation. Il laissait ainsi s'enferrer l'ambition moscovite, sans la désabuser, mais aussi sans l'approuver. Le ministère anglais de 1844 savait très-bien que, quels que fussent ses successeurs, il y aurait entre tous les hommes d'État unité de vue, et que dès-lors le czar, quoi qu'il fit, n'arriverait jamais à son but sans une opposition énergique de l'Angleterre et de la France.

L'astucieux Nicolas ne crut pas non plus à l'indifférence de l'Angleterre; il pensa charitablement qu'elle le jouait; il chercha le moyen de la déterminer à accepter, et voici les arguments qu'il croyait les plus propres à l'ébranler.

« On ne saurait se dissimuler combien cet empire renferme d'éléments de dissolution. Des *circonstances imprévues peuvent hâter sa chute, sans qu'il soit au pouvoir des cabinets amis de la prévenir.*

« Dans l'incertitude qui plane sur l'avenir, une seule idée fondamentale semble d'une application vraiment pratique : c'est que le danger qui pourra résulter d'une catastrophe en Turquie sera diminué de beaucoup si, le cas échéant, la Russie et l'Angleterre s'entendent sur la marche qu'elles auront à adopter en commun. »

Il n'est pas possible de douter ici de l'intention d'arriver au partage. Ces mots *chute*, *catastrophe*, expliquent tout. Cependant l'Angleterre ne répondit pas encore. Il fallut donc frapper le dernier coup. C'est alors que le czar promit l'assentiment complet de l'Autriche, et qu'il termina sa proposition par ces insolentes paroles :

« Si nous prévoyons que l'empire ottoman doit crouler, il faudra se concerter préalablement sur tout ce qui concerne l'établissement *d'un nouvel ordre de choses, destiné à remplacer celui qui existe aujourd'hui*, et veiller — en commun — à ce que le changement survenu dans la situation intérieure de cet empire ne puisse porter atteinte ni à la sûreté de leurs propres États, ni aux droits que les traités leur assurent respectivement, ni au maintien de l'équilibre européen.

« Dans ce but, ainsi formulé, la politique de la Russie et de l'Autriche se trouve étroitement liée par le principe d'une parfaite solidarité. Si l'Angleterre, comme principale puissance maritime, agit d'accord avec elles, *il est à penser que la France se trouvera dans la nécessité de se conformer à la marche concertée entre Saint-Pétersbourg, Londres et Vienne.* »

Ces principes une fois arrêtés, que faut-il à la Russie pour amener la catastrophe? Des intrigues, des outrages, des séditions. Nous avons vu plus haut quelle fut, à cet égard, sa fécondité et celle de ses agents, soit en Prusse, en Autriche, en Turquie, et surtout en Grèce. Tout a été préparé avec habileté pour endormir l'Europe et amener promptement la chute de l'empire ottoman. — Il est seulement évident que l'autocrate, comptant sur l'Autriche, la Prusse, l'Allemagne et la famine, qui mettait, selon lui, la France hors d'état d'agir, fit de dernières tentatives dont l'insuccès le détermina à se passer du concours de l'Angleterre.

Il n'est plus permis de douter de ces tentatives depuis que le gouvernement anglais a fait publier la correspondance de son ambassadeur, par suite d'une inconvenante publication faite à Saint-Pétersbourg. Il résulte, en effet, d'une lettre du 11 janvier 1853, que le czar revenant à ses idées de 1844 a dit à l'ambassadeur d'Angleterre : « Il est essentiel que les deux gouvernements, c'est-à-dire *le gouvernement anglais et* MOI, *soyons dans les meilleurs termes, et jamais la nécessité n'en a été aussi grande qu'en ce moment.* Je vous prie de transmettre ces paroles à lord John Russel. Lorsque nous sommes d'accord, *je suis tout à fait sans inquiétude, quant à l'occident de l'Europe : ce que d'autres pensent ou font est de peu d'importance.* « Les affaires de Turquie
« sont dans un état de grande désorganisation : Le
« pays menace ruine, *la chute sera un grand malheur,*
« et il est important que l'Angleterre et la Russie en

« viennent à une entente parfaite, et qu'aucune des
« deux ne fasse *rien de décisif* à l'insu de l'autre. »

L'ambassadeur anglais ne fut pas un seul instant dupe de l'autocrate russe; — il apprécia ainsi les ouvertures qui lui ont été faites. « Agira-t-on conformément à cet accord ? *Voilà ce qu'on peut révoquer en doute*, d'autant plus que les assurances de l'empereur sont un peu en contradiction avec les *mesures sur lesquelles il a été de mon devoir d'appeler votre attention*.... La Russie, en un mot, serait bien aise que cet *accord fût appliqué à des événements dont la chute de la Turquie serait la conséquence.* »

Il ne s'agit donc plus des lieux saints. L'homme qui se conduit ainsi les outrage au lieu de les défendre. Il ne s'agit que d'accomplir la catastrophe préparée de longue main ; et conséquemment la question est éminemment européenne.

Elle l'est, parce qu'elle peut occasionner une guerre générale. — Elle l'est, parce que dès à présent elle porte dans le crédit public une perturbation funeste à tous les États. — Elle l'est, parce que cette perturbation frappe tous les intérêts privés. — Elle l'est, parce que le Danube demi-russe déjà, serait bientôt envahi par les douanes, les droits, les vexations de l'administration la plus corrompue de l'Europe. — Elle l'est, parce que les Dardanelles aux mains de l'autocrate soumettraient toutes les marines marchandes aux avanies qui se commettent aux bouches du Danube. — Elle l'est, enfin, parce que la domination russe établie à Constantinople serait une cause de guerre perpétuelle et une menace permanente contre tous les États qui bordent la Méditerranée.

Telle est l'appréciation qu'on fait en France des actes de l'empereur de Russie.

Personne ne songe à combattre sa religion si fervente, ni sa pieuse orthodoxie.—Mais la Turquie, la France et l'Angleterre ne peuvent plus quitter les armes qu'un mur d'airain n'ait été opposé à ses envahissements. Il est déplorable pour tout le monde, il est honteux pour la Russie, qu'on en vienne aux batailles sur une question aussi immorale que dénuée d'intérêt pour les nations? Qui sait combien de temps durera cette lutte barbare? qui sait combien de sang viendra se joindre à celui qu'on a déjà versé? mais la mesure d'iniquité est comble, les désastres, les pleurs, le sang retomberont sur celui qui a préféré son intérêt personnel et les satisfactions de son orgueil à l'intérêt de l'Europe et de l'humanité. Le choc, si la Russie ne fuit pas le combat, comme en 1812, peut être terrible pour tous les belligérants, et la victoire n'est pourtant pas douteuse en présence de l'opinion publique irritée et des forces dont disposent l'empire ottoman et les puissances occidentales.

Le vote unanime des subsides jugés nécessaires pour arriver à un résultat prompt et décisif avertit assez la Russie qu'elle sera forcée d'évacuer les provinces danubiennes, sans espérance d'y revenir impunément; qu'elle rendra au royaume de Pologne les franchises concédées par les congrès et jurées devant ce Dieu tout puissant sous la protection duquel elle ose se placer, comme Alexandre avant la bataille d'Austerlitz; qu'elle subira le voisinage de la Turquie intacte et son égale en droits; qu'elle respectera en elle un membre de la grande famille européenne. A ce prix, le czar, réconcilié avec l'Europe, dont il affectait de se faire le protecteur, pourra, **protégé par elle**, revenir à des vues civilisatrices, si imprudemment négligées. — C'est là que serait la vraie gloire. — Puisse-t-il le comprendre!

LIVRE II.

L'EUROPE ET LA RUSSIE.

―――――――

C'est le sort inévitable de tous les États de commencer à décroître aussitôt qu'ils sont arrivés, par les conquêtes, à l'apogée de leur agrandissement. — Il y a un terme qu'on ne passe jamais impunément, et tout ce que fait, ce que tente de faire l'Etat agrandi au-delà de ce qu'il doit être, tourne tôt ou tard contre lui-même.

On pourrait, à l'appui de cette vérité, citer de nombreux exemples des temps anciens et modernes, s'ils ne se présentaient d'eux-mêmes à la mémoire, aux seuls noms de l'Egypte, de l'Assyrie, de la Perse, de la Macédoine, de la Grèce, de Rome, de Ninive, de Babylone, d'Alexandrie, de Bizance, de Constantinople, de la Gaule, de la Turquie, de l'Espagne, de la Suède et de la France. Ce que doit être un État, quant à son étendue, étant réglé par ce que sont les autres États, il est fatalement amené à les soulever contre lui dès qu'il leur devient suspect par l'extension qu'il donne à ses frontières, ou dès qu'il s'amollit dans les délices que donne la victoire.

Ce sont ces considérations qui déterminèrent Henri IV et la reine Elisabeth d'Angleterre à saper, à sa base, l'agrandissement démesuré des possessions européennes de l'Espagne, et à rétablir l'équilibre entre tous les Etats pour lesquels la puissance espagnole menaçait d'être à la fois un danger permanent et une cause perpétuelle d'humiliation.

« La partie politique du dessein des deux souverains,
« dit Sully, roulait presque tout entière sur un préli-
« minaire qui aurait, ce me semble, souffert peu de dif-
« culté; c'était de dépouiller la maison d'Autriche de
« l'empire de tout ce qu'elle possédait en Allemagne, en
« Italie et dans les Pays-Bas; en un mot, de la réduire
« au seul royaume d'Espagne, renfermé entre l'Océan,
« la Méditerranée et les Pyrénées. »

On lui laissait, en outre, la Sardaigne, Majorque, Minorque, et ses possessions d'Amérique et d'Asie.

Ce que Henri IV et la reine Elisabeth auraient voulu effectuer par un accord de toutes les nations, ayant été abandonné par suite de la mort de ce roi si juste et si prévoyant, s'effectua, malgré la résistance de l'Espagne, et, après de longues guerres, elle tomba fort au-dessous de la position qu'on voulait lui faire. Cette triste décadence, presque contemporaine, avertit des dangers que courent les empires trop étendus.

Le projet d'Henri IV, il faut le dire à la gloire de la civilisation, présente cette circonstance remarquable qu'alors, comme aujourd'hui dans la grande question d'Orient, la France et l'Angleterre, mues par des idées politiques de l'ordre le plus élevé, ne s'attribuaient aucune des provinces provenant du fractionnement nécessité par les nouvelles délimitations des États européens.

Napoléon Ier ne suivit pas les principes généreux d'Henri IV, il modifia l'existence politique des nations qu'il avait vaincues, et, en les disloquant, il s'appropria la part du lion; — il se composa un empire qu'il ne pouvait administrer; il s'adjoignit des rois de sa façon et des gouverneurs qui le trompèrent, et il frappa lui-même d'instabilité une organisation à laquelle il voulait cependant donner un caractère dynastique.

Comme Alexandre-le-Grand, comme César, comme Charles-Quint, comme presque tous les conquérants, Napoléon Ier visait à la monarchie universelle. Il put y croire après les victoires d'Austerlitz, d'Iéna, de Wagram; mais, frappé des pertes qu'il faisait dans chaque campagne, frappé de l'accroissement de puissance de l'Angleterre, il aurait pu voir aussi qu'à force d'apprendre à ses ennemis les moyens de le combattre, ils devaient arriver à le vaincre à leur tour.

De même que l'empire de Charles-Quint périt par son étendue, par sa mauvaise administration de possessions éloignées les unes des autres, de même Napoléon ne pouvant régner partout, les malversations, les jalousies, les mécontentements, les vengeances, eurent pour résultat la perte de toutes ses conquêtes et le déchirement des frontières de la France. Cette grande infortune, que Nicolas a vue, ne suffit pourtant pas pour l'arrêter dans ses usurpations. Mais s'il est vrai que les mêmes causes produisent les mêmes effets, l'heure de la décadence de la Russie doit être arrivée. — Va-t-elle sonner? Telle est la question soumise au grand jury européen qui sera convoqué après la lutte ouverte aux portes de Constantinople.

C'est assurément la question la plus grave que l'Europe ait jamais eu à résoudre, car il y va de son honneur et de sa liberté. De même que les nations civilisées, mais corrompues, ont été détruites par les nations barbares avides de leurs richesses et de leurs climats, de même les nations civilisées, retrempées par les travaux des arts et de l'industrie, renverseront les peuplades sauvages ou les affilieront à la civilisation. Pierre Ier, Catherine II embrassèrent cette idée; — c'est en la pratiquant qu'ils arrivèrent à des succès inespérés. C'est avec elle qu'ils voulaient changer la face de leur immense empire. Le czar Nicolas la repousse; il ne craint pas, en rallumant le fanatisme et la fureur de la guerre, de faire rétrograder ses populations et de donner à ses ennemis, contre lui-même, les avantages que les Russes du czar Pierre et de Catherine II ont eus sur elles au temps de la conquête. — Il est bien imprudent.

Il y a dans la conduite du czar de toutes les Russies du Charles XII et de l'Attila, moins le génie et la valeur;

mais on ne saurait y trouver la moindre apparence des règles adoptées par Pierre-le-Grand et laissées à ses successeurs comme un moyen d'amener à bien la transformation qu'il avait entreprise et poursuivie avec tant de gloire et de bonheur.

Quelle différence y a-t-il, en effet, entre ce que fait le czar et ce que faisait le roi des Huns?... Que le sang soit versé, les maisons brûlées, les champs ravagés par la poudre et la baïonnette, ou par le dard, la flèche et la pique, le sort des victimes n'est-il pas le même? Que les Huns, les Vandales se ruent contre la civilisation, c'est tout simple; — mais qu'une prétendue civilisation les pousse contre des idées civilisatrices; — qu'étant retiré de la turpitude par l'influence de ces idées on les retourne contre ceux qui les adoptent, et parce qu'ils les adoptent, une telle action ne saurait être qualifiée que d'acte de barbarie, de crime odieux, et le plus odieux de tous, puisqu'on le commet au nom du Christ, sans autre but que d'assouvir une insatiable ambition.

Il y a là un fait digne de l'attention de tout ce qui porte un cœur d'homme et digne aussi de l'animadversion de tous les peuples. L'agression du czar a cependant une compensation, elle est un témoignage authentique de la décadence de son empire, et nous espérons prouver que ce symptôme n'est pas le seul.

CHAPITRE Ier.

DE L'ABUS DE LA FORCE.

S'il est vrai que l'abus de la force est le premier indice de l'ébranlement des empires, que le mépris de la justice soit le second, la corruption le dernier, aucun État n'est plus près de sa décadence que la Russie d'Europe; car l'abus de la force fait partie essentielle de son système gouvernemental; la justice fuit devant l'abitraire le plus révoltant, et la corruption de l'administration civile ou militaire de ce malheureux pays est telle qu'on ne trouverait nulle part un exemple de ce qui est passé à l'état normal dans toutes les institutions et dans les règlements de l'armée moscovite.

Ces vices sociaux ont en Russie un caractère qu'on ne trouve pas dans les pays les plus corrompus; c'est celui de l'élégance et de la fourberie. Aussi les Russes de la classe élevée sont-ils éminemment propres à la direction des intrigues les plus compliquées; il est même reçu dans toutes les cours que les agents diplomatiques de la Russie sont supérieurs à beaucoup d'autres par la bonne tenue et l'habileté : vous n'entendrez jamais parler de leur bonne foi. Le *timeo danaos* des anciens s'applique parfaitement aux orthodoxes du nord, et, il ne faut pas s'en étonner, les civilisations forcées sont sans vertu, comme les fleurs de serres chaudes sont sans odeur. Pierre Ier, Catherine II, Alexandre Ier, ont voulu passer pour des civilisateurs ; ils ont fait ce qu'il fallait pour cela ; mais leurs peuplades ignorantes et sauvages ne les ont pas suivis. La cour de Russie brille d'un grand éclat ; les populations végètent dans la misère intellectuelle. Ce n'est point un certain nombre d'années qu'il faut pour les sortir de là, ce sont des siècles et des hommes de génie. Ceux-là ne se trouvent pas aussi facilement que les courtisanes et le destructeur de l'espèce humaine.

— Il est incontestable que Pierre Ier et Catherine II ont fait beaucoup pour la force de la Russie ; ils n'ont rien fait pour sa moralisation, au contraire. Leurs prédécesseurs avaient le même reproche à se faire et ne se le faisaient pas ; ils suivaient, stupidement, ce qu'ils regardaient comme un principe national, le grand art de conserver les populations dans l'esclavage ; et l'on serrait si bien le frein qui contenait la noblesse, qu'elle avait perdu jusqu'au sentiment de la liberté dont elle avait joui avant la constitution de l'empire ; car en ce pays, comme dans tous les autres, c'est le despotisme qui est nouveau. Les czars asservissaient les nobles russes en soulevant contre leur autorité leurs propres esclaves ; ils s'en faisaient les protecteurs, ils allaient jusqu'à la confiscation des terres de ceux qui résistaient à leurs injonctions, et des brutes, qui ne concevaient rien à la liberté, étaient enchantées d'une autorité qui écrasait aussi bien les seigneurs que les esclaves et les pliait sous le même joug.

La noblesse russe, avant d'être soumise au pouvoir autocratique, était déjà atteinte au cœur de ces principes de dissolution que lui avaient apportés les Grecs, fondateurs de Kiovie, première capitale de ces pays encore dans l'enfance. Avant d'être sujets d'un monarque quelconque, ils étaient rongés par la dépravation, abrutis par la superstition, voués à la perfidie, à la fraude : tel était le type, il n'a pas changé. Nous verrons bientôt quel parti surent en tirer les czars, à commencer par Pierre Ier.

Il faut, pour bien apprécier l'effet du caractère russe sur les autres peuples, se transporter en idée soit sur les frontières de la Turquie, soit au sein même de la Pologne, leur plus glorieuse victime.

Disons d'abord un mot de ce Romanus, prince de Wadimire, qui, pour amasser des trésors, faisait périr et dépouillait toute la noblesse de sa principauté et se plaisait à répéter un proverbe très-productif : « — Pour manger tranquillement le miel il faut tuer les abeilles. » Proverbe non moins sauvage que cet autre : « Pour cueillir un fruit élevé, rien de mieux que de couper l'arbre qui le produit. » Ce Romanus, n'ayant probablement plus d'abeilles à tuer, voulut en aller chercher en Pologne; il partit suivi de ses peuplades superstitieuses qui ne doutaient ni de la puissance du despote, ni des miracles que Dieu allait opérer en sa faveur. Il entra en Pologne, pillant et massacrant, *afin de venger la religion grecque op-*

primée à Constantinople et d'éteindre partout la science latine et la religion romaine.

Ce barbare fut tué par les Polonais et son armée détruite. — Que ne finissent-ils toujours ainsi!...

Par suite de cette injuste agression, la Russie rouge, d'où elle était sortie, tomba sous la domination polonaise. On peut remarquer, dès à présent, que le système du gouvernement russe de faire servir les idées fanatiques à l'accomplissement de ses desseins politiques, n'est pas une idée nouvelle, et que le czar Nicolas ne fit, en se servant des lieux saints, que ce qu'avait fait Romanus cinq ou six siècles avant l'époque où nous sommes.

Ce fait n'est pas isolé; il en est beaucoup d'autres du même genre, parmi lesquels on peut citer ce qui arriva à Novogorod-la-Grande. Elle était l'entrepôt des marchandises du Nord; c'était une république heureuse quand les Russes se proposèrent de la prendre par surprise : le stratagème employé réussit complétement, la ville fut prise, ses habitants massacrés et son territoire entier annexé aux possessions de la Russie. — C'est ainsi qu'avant Pierre Ier les Russes firent presque toutes leurs conquêtes. Ignorants, vains, perfides, toujours prêts pour le pillage; corrompus comme hommes avant de l'être comme sujets, tout en eux décèle les tendances qu'on remarque aujourd'hui chez leurs successeurs et qui ont pris un énorme développement.

Pierre-le-Grand lui-même ne régna que par la terreur. Elle était telle que des hommes, condamnés par lui, apportaient le billot sur lequel il devait leur couper le cou, et se rangeaient devant lui pour mourir, comme d'autres se rangeaient pour vaincre. Il y eut moins d'exaltation sous Catherine II; elle était compatissante et ne voulait que les exécutions absolument nécessaires. Mais ses généraux se firent remarquer par une dureté digne du bon vieux temps; Suwarof surtout, celui qui dans Ismaïl fit massacrer vingt-cinq mille Turcs pour les punir de leur héroïque résistance, — et qui n'épargna pas plus les habitants que les soldats. Ce barbare imita, au moins par la brièveté, cette lettre sublime de César, composée de trois mots : *Veni, vidi, vici*. — Il écrivit à Catherine : *La superbe Ismaïl est à vos pieds*. On ajouta deux lettres au nom de cette ville dévastée et *Ismaïlof* devint une possession russe.

Alexandre, plus heureux de caractère, plus avare de sang humain, avait peut-être ce qu'il fallait pour civiliser; mais son ostentation le porta vers la gloire militaire pour laquelle il n'était pas fait; — il se pavana avec une apparente modestie dans des congrès qui ne le regardaient pas; pendant ce temps perdu, la démoralisation, profitant de son absence, devint plus active, plus âpre, plus avide, et ce monarque, très-honnête homme, disait-on, mourut de chagrin en reconnaissant qu'il n'avait rendu à ses peuples qu'un seul service, celui de les avoir infusés dans les idées libérales qu'il prit en horreur dès qu'il aperçut qu'elles menaçaient sa puissance autocratique.

Tel était son amour de la liberté.

Son frère, en lui succédant, donna lieu à une explosion terrible des idées qui germaient dans toutes les têtes. Il prit ses instincts féroces pour de l'élévation de caractère; il crut étouffer les idées par des peines corporelles de plus en plus terribles, et il détruisit le peu de bien que son prédécesseur avait pu faire. Une fois entré dans cette voie, on n'en peut plus sortir, aussi le vit-on s'y maintenir imperturbablement. Il se croit un Pierre-le-Grand, parce qu'il est inflexible et cruel; mais quelle différence entre l'homme d'un génie créateur qui fait oublier ses erreurs et ses vices par des conceptions hardies, par des actions d'éclat, par des réformes utiles, par des victoires inespérées, et l'homme dont l'idée fixe est moins de faire que d'empêcher, moins de civiliser que d'abrutir et d'exterminer des populations inoffensives.

CHAPITRE II.

CARACTÈRE ET PRINCIPES DE NICOLAS Ier.

Un des biographes de Nicolas Ier disait, il y a dix-huit ans, sans crainte du knout ou de la Sibérie, que le premier acte qu'il fit pour plaire à sa cour couvrit de deuil vingt millions d'esclaves; voici quelques mots de cet acte de joyeux avénement : « Les malveillants promulguent « que nous avons l'intention d'affranchir les serfs, nous « déclarons solennellement que telle n'est pas notre « pensée. »

Il ne s'en tint pas là. Excellent chrétien, on le sait, il comprend l'Évangile comme les payens comprenaient la fraternité; aussi, pour se distinguer de son frère Alexandre, qui manifesta toujours une certaine bienveillance pour les serfs, Nicolas Ier leur ôta jusqu'à l'espérance de toute justice; il les priva du droit de se plaindre, par un ukase qui prononçait des peines terribles contre les paysans qui oseraient s'adresser aux autorités supérieures, même au souverain.

A-t-il besoin de soldats, il les prend comme il l'entend, sans règle, sans loi, autre que sa volonté. A-t-il besoin de marins, il fait la presse, et quand il enlève 12 ou 15 mille juifs, moitié meurt de misère, faute des choses les plus nécessaires à la vie; l'autre moitié est forcée de renier sa religion et d'aller servir et mourir dans la Baltique s'il est du midi, dans la mer Noire s'il est sorti du nord de l'empire.

De ces détails intérieurs, qui mettent si fort au-dessous de ses prédécesseurs l'autocrate Nicolas, passons à ses grandes actions politiques; la décadence est encore plus marquée. — Il ne sait pas que la vanité, la fatuité sont sœurs de l'inintelligence. — Qu'on le regarde bien, soit qu'il entre ou qu'il sorte, soit qu'il pose ou qu'il parle, on est frappé du ton orgueilleux de son attitude ou de son langage; il semblerait toujours que l'univers est à ses pieds. Mais vienne un événement inattendu, qui révoque ses prescriptions, qui détruit ou modifie des traités déclarés inviolables, le moment d'agir est venu... Où est le czar? que fait-il? qu'ordonne-t-il? Personne ne répond à ces questions. C'est ainsi que ce grand protecteur de l'Europe, protégea la Hollande quand la maison d'Orange perdit en vingt-quatre heures la moitié des États que d'odieux traités lui avaient garantis et en haine de l'esprit français qui régnait en Belgique.

A la même époque, une révolution renverse les traités de 1815, les Bourbons sont expulsés de France; il croit le pays dans un état de désorganisation, il ordonne à son armée de marcher vers le Rhin, puis il l'arrête en apprenant que la France est sur pied et que l'Angleterre, en dépit de la sainte alliance, a reconnu le nouveau gouvernement.

Il fait plus, il reconnaît *l'usurpateur*.

La Pologne se soulève; elle est faible, il l'écrase.

La Turquie cherche-t-elle à reconstituer une armée? il ne lui en donne pas le temps; il fond sur elle, prend deux provinces et les garde jusqu'à ce que le Turc ait payé sa rançon. — Ce n'est pas un vol, c'est un gage, un moyen certain de faire une bonne paix.

Être entreprenant avec les faibles et circonspect avec les forts, telle est sa politique. Est-ce avec de tels principes qu'on soutient, qu'on civilise un état? — N'est-ce pas plutôt ainsi qu'on le dégrade, qu'on le déshonore et qu'on le conduit à sa perte?

Voyez quelle audace pour soutenir l'émancipation de la Grèce; quel courage pour foudroyer la flotte turque à Navarin! Personne n'a su comment ni pourquoi l'on a commis ce désastre impolitique pour tout autre que la Russie; mais les éclaircissements qu'on publie en Angleterre font assez voir que le premier coup de canon est sorti des vaisseaux russes.

Un grand profit, peu de danger, cela dut plaire au czar.

Suivez-le dans la campagne contre les Turcs, en 1828 : son despotisme inintelligent compromet tout, la campagne est favorable aux Turcs, quoique mal commandés et mal organisés.

Il part, la chance des armes change aussitôt, les Turcs sont vaincus, les places sont prises; mais le général vainqueur est obligé de s'arrêter et d'attendre qu'on ait réparé ses pertes. De tels faits, connus de toute l'Europe, ne sont-ils pas bien effrayants pour elle?

Quand les ancêtres des Russes voulaient piller Constantinople, ils se levaient en foule, ils y couraient et ne restaient pas à moitié chemin. Les Russes sont-ils donc dégénérés ou les Turcs sont-ils si formidables qu'on ne puisse les assiéger dans Constantinople?

L'autocrate Nicolas croit suivre les inspirations de Pierre Ier, parce qu'il rêve nuit et jour la conquête de la Turquie; mais il prend sur tout le reste le contrepied de ce que voulait cet homme de sens et d'énergie : — par exemple, Pierre Ier fit tout pour assimiler ses sauvages aux nations européennes; Nicolas ne fait pas moins pour assimiler à ses peuplades, encore au maillot d'une civilisation déjà corrompue, les fragments de nations que la faiblesse de l'Europe a laissé subjuguer.

La France et l'Angleterre vont l'imiter en sens inverse de ses prévisions; le séjour de leurs troupes en Turquie, leurs exercices, leurs parades, leurs marches, agiront puissamment sur l'esprit des orientaux, et, s'ils combattent dans nos rangs, s'ils partagent nos succès, s'ils partageaient même nos revers, ne seraient-ils pas entraînés par la supériorité de la tactique occidentale qui permet de jouir de tous les avantages d'une victoire et d'atténuer les effets d'un échec? C'est alors qu'ils comprendront, comme les Égyptiens, comme les Algériens, formés par nos soins ou notre exemple, que la supériorité des Russes n'a jusqu'à ce jour été que dans leur discipline et dans leur armement. Homme pour homme, un Turc vaut mieux qu'un Russe; car les Turcs ont fait de grandes choses, ils ont conquis, sur des peuples puissants, le plus bel empire et la plus belle capitale de l'univers, et les Russes, à quelques exceptions près, n'ont désolé, n'ont dépeuplé, n'ont conquis, par la ruse autant que par les combats, que des pays barbares et des déserts.

CHAPITRE III.

CONQUÊTES EUROPÉENNES DE LA RUSSIE.

Nous entendons souvent les partisans des soldats moscovites s'écrier qu'ils ont conquis la Pologne et même la France. Cette assertion ne nous fait pas changer d'avis sur les forces morales et militaires des Russes.

Peut-on appeler conquête de la Pologne, cette longue suite d'intrigues diplomatiques, d'infâmes corruptions, de séditions fomentées avec un machiavélisme infernal? Assurément non. C'est un escamotage et rien de plus.

Dira-t-on qu'au moins ils ont vaincu les Polonais lors de leur soulèvement? Le fait est vrai, mais où donc est la gloire? Elle est aux Polonais. C'est chose prodigieuse, en effet, qu'un peuple démembré, désuni, sans allié, sans arsenaux, ruiné, désarmé, ait pu si souvent arrêter le colosse du nord, et que ce colosse, qui se croit l'arbitre du monde, soit obligé, en ce moment même, d'exterminer ce peuple qui n'a pour lui d'autre sentiment que ceux de la haine et du mépris. La Russie est la plus forte; qui le conteste? Elle est la plus astucieuse, tant pis pour elle; le moment n'est pas loin où elle tombera dans les piéges qu'elle tend avec tant de dextérité.

Elle a vaincu la France? où donc? est-ce à Zurich? à Austerlitz?... à Friedland? à Smolensk? à Borodino? est-ce à Lutzen, à Bautzen, à Champaubert, à Montereau, à Montmirail? On n'oserait le dire! Il n'est pas un de ces grands jours où elle n'ait été mise en fuite.

Approchons de l'apogée de ses succès. L'astre du nord n'y brille pas d'un plus vif éclat. Deux fois la France, épuisée de fatigue et désunie, a subi les douleurs de l'invasion.— Elle ne l'a point oublié. — Mais qui donc alors obtint la victoire? Vous dites, c'est la Russie; d'autres disent c'est la Prusse; d'autres, c'est l'Autriche; d'autres, c'est l'Angleterre, et c'est en effet l'Angleterre qui a gagné la bataille de Waterloo, où l'armée russe ne s'est pas même présentée. La Russie, battue partout en 1814, gardait les bagages en 1815, et ne bougea ni en 1830, lors de l'expulsion de ses protégés, ni en 1848, lors de la proclamation de la République, ni en 1852, quand les traités de la sainte alliance furent déchirés par l'élection populaire de Napoléon III à l'empire, ni quand il monta sur le trône héroïque que l'Europe avait renversé et proscrit après en avoir tant adulé, tant redouté, tant humilié le fondateur.

CHAPITRE IV.

DE L'HABILETÉ DIPLOMATIQUE DES RUSSES.

Si de l'exposé de tous ces faits qui ternissent si profondément l'étoile du nord, nous passons à la diplomatie de Nicolas, nous n'y trouvons partout que des traces de décadence, et nous voyons l'Europe, habituée à croire à la puissance de la Russie, remplacer par le dédain cette admiration factice, puisée dans les écrits de certains philosophes obérés, livrant, en échange de quelques pensions, leurs plumes à Catherine *la grande.*

La prétendue modération d'Alexandre Ier lui fit sans doute beaucoup de partisans, mais au fond qu'en résulta-t-il pour la puissance réelle de la Russie? Des conspirations, des séditions, des exécutions, des proscriptions, des ferments de discorde qui vont toujours croissants, conséquemment des éléments nouveaux de décadence.

Le soin qu'a pris son illustre successeur d'accuser frauduleusement la Turquie de lui déclarer injustement la guerre, dans le but de renverser la religion grecque, a exaspéré ses peuples contre cette puissance. Ils savent, d'ailleurs, que les Turcs sont bons à piller; aussi toute guerre contre ce pays est-elle populaire. Le but du czar est mal déguisé par ses dénégations, car il existe des preuves manifestes du parti pris à Saint-Pétersbourg de présenter l'empire ottoman comme tombant en dissolution, précisément parce qu'il se relève.

De tout temps le testament de Pierre Ier a été la règle de conduite de Nicolas, il l'a sous son chevet, comme Alexandre (le macédonien) y tenait l'Iliade.

Le czar affectionne surtout l'article 9, ainsi conçu :

« APPROCHER LE PLUS POSSIBLE DE CONSTANTINOPLE ET DES INDES. — Celui qui y règnera sera le vrai souverain du monde. — En conséquence, *susciter des guerres continuelles*, tantôt à la Turquie, tantôt à la Perse, établir des chantiers sur la mer Noire; s'emparer peu à peu de cette mer, ainsi que de la Baltique, ce qui est un double point nécessaire à la réussite du projet; hâter la décadence de la Perse, pénétrer jusqu'au golfe Persique; rétablir, si c'est possible, par la Syrie, l'ancien commerce du Levant, et avancer jusqu'aux Indes qui sont l'entrepôt du monde. » — C'est merveilleux; mais on oubliait qu'il y avait en Europe une nationalité polonaise, une Allemagne, une France, une Angleterre.

Le temps paraissant venu de porter un grand coup à la Turquie, le czar est prêt; mais cette France, qu'il dédaigne si fort dans ses causeries avec les ambassadeurs anglais, l'inquiète à Constantinople; — il compte peu sur le concours de l'Angleterre, dont les ministres ont refusé, en 1844, d'entrer dans ses vues sur l'empire ottoman; il faut donc agir avec une extrême prudence. Quel motif mettrons-nous en avant, dit-il à son digne chancelier, le Nestor de la diplomatie européenne, homme à expédient, homme de ruse et d'audace, malgré son grand âge. « Sire, lui dit-il, vous en avez un permanent, et dont vous pouvez d'autant mieux vous prévaloir que la France vient de porter atteinte à l'indépendance du sultan, en lui arrachant de nouvelles concessions en faveur des Latins. Puisque Votre Majesté Impériale et Royale me fait la grâce de me consulter, je crois pouvoir lui déclarer qu'il y a là un excellent moyen d'intervenir dans les affaires de la Turquie et de contrecarrer efficacement les intrigues de la France. »

« En effet, répondit le czar, je crois, mon cher chancelier, que nous pouvons nous plaindre d'outrages faits à nos coréligionnaires. Je ne sais pas précisément dans quelle province, mais peu m'importe, — préparez-moi donc une note sur ce point. »

Et la note fut préparée. Elle le fut d'autant plus facilement que la question n'était nouvelle ni pour le czar, ni pour son chancelier, car elle avait souvent été mise sur le tapis, et ils se souvenaient très-bien l'un et l'autre que, même antérieurement à 1844, *ils avaient compté sur une révolution qui devait entraîner l'extermination de la dynastie régnante à Constantinople.*

Le chancelier surtout avait encore présente à l'esprit sa lettre à l'ambassadeur de Russie, dans laquelle se trouvait cette phrase qui n'a pas besoin de commentaire :

« Il est de toute nécessité qu'une telle révolution ne
« nous prenne pas au dépourvu, et vous aurez bien mé-

« rité de votre souverain et de votre patrie, si vous nous
« faites connaître les signes précurseurs de cette catas-
« trophe assez à temps pour que l'empereur puisse *pré-*
« *parer ses mesures* et exercer une influence analogue à
« la dignité et aux besoins de la Russie, *sur les combi-*
« *naisons qui remplaceraient l'empire du croissant.* »

On voit, par cette dépêche contemporaine du traité du 6 juillet 1827, qui fut un coup de foudre pour la Turquie, dont il détachait la Grèce pour en faire un royaume à part, que la Russie ne fit que répéter en 1853 ce qu'elle disait depuis plus de vingt-cinq ans. Les déclarations faites à sir Seymour n'étaient que des paraphrases des déclarations de 1828, et la querelle des lieux saints n'était qu'*une des mesures* pour arriver aux combinaisons politiques dont nous venons de parler d'après un acte formel et qui devient officiel en le rapprochant de ceux qu'on a publiés depuis. Des instructions secrètes furent donc immédiatement rédigées et pour qu'elles fussent plus concluantes on chargea de les présenter au divan un prince-ministre-grand-amiral, dont le ton altier, la parole blessante étaient connus de l'autocrate et de son ministre.

Nous ne pouvons pas revenir sur les débats du prince Menschikoff relativement aux saints lieux, nous en sommes aujourd'hui à un quart de siècle.

Cependant, on ne peut disconvenir que, sous le rapport politique, il y avait dans ce choix la preuve que le czar méditait une rupture avec la Porte Ottomane, et en cela il avait mal calculé sa force en supposant que l'Autriche et lui suffiraient pour intimider le sultan et la

France. Il avait été encore moins clairvoyant en ne devinant pas que l'Angleterre, — quelque éloignée qu'elle fût de vouloir la guerre,—était cependant bien plus disposée à s'allier à la France contre la Russie, qu'à la Russie contre la France.

L'intrigue étant concertée, elle dut avoir son effet.

Le czar se serait cru déshonoré si une idée si longtemps mûrie eût avorté faute de résolution.

Un ambassadeur extraordinaire partit, arriva, brouilla les cartes et s'en fut. C'est alors que se manifesta le grand épisode de la correspondance impériale entre Napoléon et le czar Nicolas Ier, sur laquelle nous ne reviendrons pas non plus. D'autres actes plus décisifs donnent à la politique russe un cachet tout particulier d'astuce et d'imprudence qui justifie complétement ce que nous en avons dit plus haut, et qui en même temps relève le gouvernement ottoman de toutes les inculpations de faiblesse et de tergiversation dont certains hommes se plaisent à l'accuser, dans l'intérêt de la Russie.

On ne peut pas dire que le prince Menschikoff ne réussit pas dans son ambassade; mais à coup sûr l'autocrate n'a pas tiré grand parti de cette conduite astucieuse. Il a ouvert aux Turcs une carrière nouvelle, dans laquelle ils se sont lancés avec ardeur; il a troublé la paix de l'Europe, et, ce qu'assurément il ne prévoyait pas, il a donné au sultan une belle occasion de se placer fort au-dessus de son adversaire, le menaçant de ses cinq cent mille soldats imaginaires.

Lorsque le prince ambassadeur exigea, en termes assez inconvenants, une audience d'Abdul-Medjid, ce prince hésita sur l'accueil qu'il lui ferait ; puis, il se décida à le recevoir, en disant : « Il est bon qu'il sache de moi-même « que mes ministres ne sont que les organes fidèles de « mes inébranlables résolutions. » Ainsi les bons procédés, la vigueur, unis à la modération, répondirent à l'insolence et à la menace d'un favori. C'est donc du côté du faible que se trouvent la grandeur et la dignité.

Nicolas ne voulut pas se tenir pour battu ; il en vint, selon son habitude, aux lettres diplomatiques ; il s'oublia jusqu'à faire écrire par son chancelier au ministre du Grand-Seigneur, que le projet de note laissé par le prince Menschikoff devait être signé sans *variantes* et être transmis au plus tôt à l'ambassadeur qui devait être à Odessa.

Ce n'était ni plus ni moins qu'une amende honorable qu'on voulait imposer au sultan. En annonçant qu'il n'avait d'autre but que de mettre le ministre du sultan à même, *tant qu'il le pouvait encore*, de rendre un très-important service à son souverain, il voulait humilier et le ministre et le souverain. « Mettez, disait-il, sous les yeux de Sa Majesté la situation réelle des choses, et je souhaite vivement que, dans ce moment décisif, ce conseil soit apprécié par le divan, et que, dans l'intérêt de la paix, il soit suivi *sans hésitation, ni retard.* »

CHAPITRE V.

PRUDENCE DU MINISTÈRE OTTOMAN.

Il y avait dans ces paroles, à la fois mielleuses et incisives, de quoi déterminer une explosion de mécontentement qui aurait aggravé la situation. Réchid ne s'y laissa pas prendre; il répondit, au contraire, avec beaucoup de politesse, mais sans rien accorder, sans avoir même l'air de sentir tout ce que l'épître du chancelier russe avait de blessant, tant en la forme que dans le fond. Sa lettre peut se résumer en quelques mots qu'il est bon de rapporter.

« J'espère, disait-elle, que la Russie appréciera avec
« un sentiment de confiante considération les intentions
« sincères et loyales de la Sublime Porte et tiendra
« compte de l'impossibilité réelle où elle se trouve de
« déférer aux désirs qui lui ont été exprimés. » C'est dans cette même lettre que Réchid offrait d'envoyer un ambassadeur pour chercher, de concert avec le gouvernement russe, un accommodement qui, tout en étant agréable à Sa Majesté autocratique, serait tel que la

Porte pourrait l'accepter *sans porter aucune atteinte soit aux bases de son indépendance, soit à l'autorité souveraine du sultan.*

Telle est la conduite du souverain qui se prétend le digne successeur de Pierre Ier et de celui qui gouverne un État qu'on dit être en pleine dissolution. Il n'est pas difficile, en faisant la part de chacun, de voir que c'est celui qui veut dominer qui devrait recevoir le reproche qu'il fait à l'autre. La Turquie, depuis l'insurrection de la Grèce, fomentée par les agents russes, comme le furent autrefois et depuis peu les insurrections de la Pologne, ne pouvait avoir aucune confiance dans les protestations pacifiques du czar, non plus que dans ses promesses de secours contre la France. Elle se tint constamment sur la réserve; il était évident pour elle que Nicolas voulait lui enlever les provinces danubiennes, et qu'une fois possesseur de tout ce qui entoure Constantinople, cette capitale, objet de sa convoitise, aurait à se défendre elle-même des entreprises de la Russie. En attendant cette conquête, le czar allait plus loin que jamais, lorsqu'il exigeait qu'on lui accordât le droit de protéger ses coréligionnaires, sujets du sultan. C'était purement et simplement demander le droit d'insurrection perpétuelle dans les États ottomans. Le gouvernement turc rejeta péremptoirement cette prétention et se prépara à soutenir énergiquement la nouvelle guerre dont il était évidemment menacé.

Le sultan et ses ministres en comprenaient tout le danger, mais ils voyaient un contrepoids dans l'opposition de la France, de l'Autriche et de l'Angleterre; ils prirent donc l'inébranlable résolution de résister à toutes les ruses, à toutes les menées, à toutes les menaces de la diplomatie moscovite. Le czar, déconcerté de cette résistance inattendue, autant que du refus des secours qu'il avait offerts, se rabattit vers une nouvelle carrière d'intrigues ouverte à Vienne, à Londres, à Paris. Il joua trois parties à la fois et n'en put gagner aucune : ce sont aujourd'hui choses trop connues pour qu'il soit opportun d'y revenir.

CHAPITRE VI.

CIRCULAIRES OFFICIELLES DE LA CHANCELLERIE RUSSE.

Tout cela, il faut en convenir, est déplorable, honteux pour le czar, et cependant ce n'est rien en comparaison des vues manifestées confidentiellement deux ou trois mois avant, ainsi que nous le verrons bientôt, quand nous en serons à l'instruction rétrospective de cette grande affaire.

Il faut examiner avant quelques documents officiels qui caractérisent parfaitement la politique de la Russie. Au premier rang se trouve la circulaire de M. Nesselrode aux agents de la Russie; celle qu'un chancelier d'Angleterre a qualifiée de document fallacieux, le plus illogique et le plus insultant qu'il ait eu jamais le malheur de lire. Le ministre russe y déclare encore, malgré toutes les preuves du contraire, que la mission du prince Menschikoff n'a jamais eu d'autre objet que l'arrangement de l'affaire des lieux saints.

On y lit : « Après trois mois de laborieuses négocia-

« tions, *ayant ainsi épuisé jusqu'aux dernières concessions*
« *possibles,* l'empereur se voit désormais forcé d'insister
« péremptoirement sur l'acceptation pure et simple du
« projet de note. Toujours mu, néanmoins, par les consi-
« dérations de *patience* et de *longanimité* qui l'ont guidé
« jusqu'ici, il laisse à la Porte un nouveau sursis de huit
« jours pour se décider ; après quoi, quelque effort qu'il
« en coûte à ses *dispositions conciliantes,* il se verra bien
« forcé d'aviser aux moyens de se procurer, par une at-
« titude plus prononcée, la satisfaction qu'il a vainement
« essayé d'obtenir par des voies pacifiques. »

La plume tombe des mains en transcrivant de telles impudences. Elles font descendre l'homme à un état inouï de dégradation ; aussi se prit-on à battre des mains à Paris, à Londres et dans toute l'Allemagne, en voyant la diplomatie russe en venir à l'imposture pour établir un droit imaginaire malhabilement mis en avant, et pour couvrir une manœuvre aussi inique qu'imprudente et intempestive.

Mais il y eut quelque chose de mieux encore.

Le 26 juin parut une seconde circulaire, déterminée, disait-on, par le refus de la France et de l'Angleterre d'adopter les propositions conciliantes du czar. Le ministre russe se plaint de ce que les flottes de ces deux puissances occupent déjà les eaux et ports de la domination ottomane à portée des Dardanelles. « Par cette attitude avancée, dit-il, on nous a placé sous le poids d'une démonstration comminatoire, qui, comme nous l'avons fait pressentir, devait ajouter à la crise de nouvelles complications.

« En conséquence, Sa Majesté vient d'envoyer à nos troupes stationnées en Bessarabie l'ordre d'occuper les principautés...... Nous n'avons, du reste, aucune intention de garder cette position plus *longtemps que ne l'exigeront notre honneur et notre sécurité.* Elle sera toute temporaire; elle nous servira uniquement de gage jusqu'à ce que de meilleurs conseils aient prévalu dans l'esprit des ministres du sultan. »

Voilà certainement des faits et des paroles bien propres à accréditer le bruit qu'on tenait tant à répandre de la faiblesse, de la dégradation du gouvernement ottoman. Mais cette politique injuste, outrageante pour le sultan, menaçante pour toute l'Europe, détermina deux actes de haute politique qui feront payer cher à l'autocrate russe sa velléité d'envahir l'empire ottoman sous forme de gage ou de garantie.

Du moment que la Russie s'attribue le droit d'articuler des prétentions, et de contester à la Turquie celui de les repousser; du moment qu'elle se croit assez forte pour la punir selon son bon plaisir, en envahissant une partie de ses États, il est manifeste que le czar peut, en augmentant ses prétentions, augmenter ses garanties, et conséquemment occuper la Servie, Andrinople et même Constantinople.

Il peut aussi, par le même principe et sous des prétextes divers, occuper une partie du Danemarck, une partie de la Suède et même une partie de l'Autriche; d'où il suit que toutes les nations ont un intérêt véritable à ce que la Russie soit contrainte de renoncer à ce nouveau mode d'envahissement. De là le traité entre l'Angleterre et la France; de là aussi la déclaration de guerre du sultan et l'occupation de la mer Noire, trois faits immenses, très-inattendus, et de ces faits doivent nécessairement résulter l'humiliation de la Russie, la réorganisation de l'empire ottoman et une union durable et salutaire entre la France et l'Angleterre, qui peuvent dire à leur tour : Il ne sera plus tiré un coup de canon en Europe sans notre permission.

CHAPITRE VII.

DES PUBLICATIONS DIPLOMATIQUES CONFIDENTIELLES.

Si les actes que nous avons analysés, les faits que nous avons cités n'étaient pas la preuve de l'état de décadence de la Russie, nous en chercherions d'autres dans la publication que vient de faire le gouvernement anglais des actes diplomatiques touchant la dissolution et le partage de l'empire ottoman, et surtout dans les armements actuels de la Russie, de la Turquie et des puissances occidentales. Mais cette publication a, en Europe, un tel retentissement, que nous croyons devoir en parler seulement pour compléter cet écrit, destiné à ceux qui n'ont ni le temps, ni la faculté de lire les journaux qui ont déjà, sur ce point, publié l'équivalent d'une vingtaine de volumes.

Dans les gouvernements civilisés, les relations entre les ambassadeurs sont ordinairement empreintes de beaucoup de calme et de réserve. On n'y dit jamais que la moitié de ce qu'on pense, on s'observe plutôt qu'on ne se parle; on se devine; le mot de paix est toujours à la bouche, — lors même qu'on assemble des finances et des soldats pour déclarer la guerre. Les ministres se tiennent sur la défensive derrière le conseil, derrière la volonté présumée inconnue du chef de l'État, ou bien ils prennent l'offensive, poussés, disent-ils, par la volonté nationale. Les ambassadeurs jouent leur rôle en alléguant leurs instructions, quelquefois en prétendant qu'ils n'en ont pas. Ces petites manœuvres ne sont pas un mal, elles sont souvent un bien; elles donnent le temps de la réflexion; elles permettent de se concerter avec ses alliés, de s'éclairer sur l'état réel des choses. Aussi, tel est l'usage à peu près partout, soit dit sans médisance.

Cela ne se passe point ainsi dans les gouvernements despotiques, et encore moins dans les états barbares.

Dans les premiers, le maître veut, le maître ordonne, le maître menace, et la guerre est toujours imminente; un caprice suffit pour la faire éclater, et, si l'État avec lequel on traite est faible, il faut qu'il cède ou qu'il coure le risque d'une ruine plus ou moins complète; s'il est fort, il parle aussi haut que le maître, et l'hésitation, les pourparlers, les notes et contre-notes deviennent à l'usage des deux partis, au grand détriment du despotisme arrêté dans ses desseins.

Dans les pays barbares, on est plus expéditif: on se rue sur un ami, sur un allié, on viole le droit de gens, on déchire les traités, on s'empare des provinces sous prétexte de garantie, et l'on dit au spolié, devenu ennemi : Approche, si tu l'oses, et chasse-moi, si tu le peux.

Je ne sais pas bien à laquelle de ces deux natures de

gouvernement appartient celui de la Russie. Il s'identifie alternativement avec l'une des deux, selon les circonstances. S'agit-il de traiter avec une nation puissante? les ministres et les ambassadeurs sont mielleux, affectueux, démonstratifs, souvent même obséquieux. On se fait un bonheur de s'entendre; les sacrifices d'amour-propre ne coûtent rien; voyez plutôt les cajoleries du vieux chancelier Nesselrode à sir Seymour. — Si par hasard on ne s'entend pas aussi clairement qu'on pourrait l'espérer, les lettres autographes arrivent, les entrevues particulières sont ménagées, et l'on se trompe de part et d'autre avec la plus exquise politesse. S'agit-il d'une nation faible, demandant plutôt protection que justice? tout change alors. Il faut se préparer à comparaître humblement devant un demi-dieu, et ce ne serait pas trop de le traiter en dieu. — Ne nous arrêtons point à tant de vanité, tant de bassesse; la dégradation de l'homme affecte douloureusement tout ce qui porte un cœur d'homme.

Les notes diplomatiques publiées dans l'affaire d'Orient par les gouvernements anglais, russe et français, contiennent, de la part du czar, tous les genres de perfidie propres aux gouvernements en décadence. D'un côté, les ministres et les ambassadeurs anglais et français dissuadent autant qu'ils le peuvent l'autocrate du Nord des idées qui le pressent et l'obsèdent; on lui met sous les yeux les traités, les intérêts généraux, les avantages de la paix; il répond hardiment qu'il ne veut ni violer les traités, ni blesser les intérêts généraux de l'Europe, ni compromettre les avantages de la paix. Bien loin de là, s'il arme, s'il envahit, c'est par amour pour la paix. — S'il s'empare des provinces d'un allié, c'est pour le mettre dans l'impossibilité de troubler la paix. Les Anglais, les Français, pris pour des dupes, aperçoivent le piége qu'on leur tend; ils s'arment à leur tour. Ils bloquent les ports russes, ordonnent aux escadres de Sébastopol et de la Baltique de jeter l'ancre et de plier les voiles. Le despote s'écrie, se fâche; on lui répond : Votre Majesté ne doit pas trouver mauvais que nous prenions nos garanties comme elle a pris les siennes — A vous le Danube ; — à nous la mer Noire, à nous la Baltique. Retirez-vous, nous nous retirerons; respectez le territoire ottoman, nous respecterons le vôtre. — Rien de plus juste au fond; mais rien de plus humiliant. Jamais nation puissante ne subit une telle avanie *comme préliminaire* d'une campagne. Et pourquoi la Russie la subit-elle aujourd'hui? Parce que l'autocrate russe n'a pas voulu comprendre que le refus de l'Angleterre de s'associer à ses violences était un acte de force et non de faiblesse. Il l'a crue entravée dans sa marche politique par les immenses intérêts commerciaux qu'elle pouvait léser. Il ne s'est point aperçu que son invasion, en contradiction avec ses protestations pacifiques, était une lâcheté; que l'Angleterre, blessée du mépris qu'il avait fait de ses conseils, ne pouvait pas se dispenser d'arrêter l'élan du czar; qu'il ait oublié ce qu'il avait dit en 1844, ce qu'il avait dit même en janvier 1853; c'est tout simple, il se croit maître, rien ne le lie; mais le gouvernement anglais a autant de mémoire que de perspicacité, il s'est rappelé quelques mots d'une lettre secrète et confidentielle, par laquelle son ambassadeur à Saint-Pétersbourg lui avait transmis les paroles du czar dans une conversation tout à fait amicale sur l'état du gouvernement ottoman. Elles sont intéressantes ces paroles; pour les mieux apprécier, nous allons les transcrire dans le chapitre suivant.

CHAPITRE VIII.

SIR SEYMOUR ET LE CZAR NICOLAS.

L'ambassadeur, répondant aux instances de l'autocrate, venait de lui dire qu'on éprouve toujours en Angleterre beaucoup de répugnance à escompter la succession d'un ancien allié.

« C'est un bon principe, répondit le czar, bon dans
« tous les temps, mais surtout dans des temps d'incer-
« titudes et de changements, comme les temps actuels;
« et cependant il est de la plus grande importance que
« nous nous entendions mutuellement et que nous ne
« nous laissions pas surprendre par les événements.
« Maintenant, je désire vous parler en ami et en *gentle-*
« *men*; — si nous arrivons à nous entendre sur cette af-
« faire, l'Angleterre et moi, *pour le reste, peu m'importe,*
« *je tiens pour indifférent ce que font et pensent les au-*
« *tres.* — *Usant donc de franchise, je vous dis nettement*
« *que si l'Angleterre songeait à s'établir un de ces jours*
« *à Constantinople,* JE NE LE PERMETTRAIS PAS. Je ne

« vous prête point de telles intentions, mais il vaut mieux,
« dans ces occasions, parler clairement; de mon côté, je
« suis également disposé à prendre l'engagement de ne
« pas m'y établir *en propriétaire, il s'entend, car en dé-*
« *positaire*, je ne dis pas; il pourrait se faire que les cir-
« constances me missent dans le cas d'occuper Constan-
« tinople, si rien ne se trouve prévu, si l'on doit tout
« laisser au hasard. »

Cela paraît bien orgueilleux, bien stupide et, ce qui pis est, bien plat. Il ne faut pas s'étonner, en vérité, qu'une telle correspondance ait décidé l'Angleterre et la France à prendre une attitude menaçante, afin d'avertir Nicolas que si quelqu'un a le droit de dire : *je ne permettrais pas*, ce n'est pas lui; il l'éprouve aujourd'hui, qu'il voit les Français, les Anglais à Constantinople et sa formidable flotte aux arrêts dans Sébastopol. Ce langage du czar est d'autant plus grossier, d'autant plus rebutant que celui de l'ambassadeur est plein de finesse et d'urbanité. Un Menschikoff se serait écrié : Vous offensez l'Angleterre! vous oubliez qu'elle a sous la main cinq mille pièces de canon qu'elle peut braquer sur Riga, sur Saint-Pétersbourg, sur Odessa, sur toutes vos villes de la mer Noire et de la Baltique; vous voulez la guerre, eh bien, soit..., mes fonctions sont remplies, je me retire et vous ne me reverrez plus.

Mais M. Seymour est moins chaud, moins zélé et beaucoup plus adroit; il remercie le czar de la franchise de ses déclarations et du désir qu'il venait d'exprimer d'agir cordialement et ouvertement avec l'Angleterre, en lui faisant observer qu'une telle entente lui paraissait la meilleure garantie contre le danger auquel S. M. I. avait fait allusion. Puis il écrit à son gouvernement que « le désir du czar lui paraît autoriser le « gouvernement de la reine à *proposer une union pour* « *prendre des mesures propres à étayer l'autorité chan-* « *celante du sultan.* » Rien ne prouve mieux que les ambassadeurs d'Angleterre savent allier la bonne plaisanterie aux protocoles et aux missions les plus sérieuses.

Les choses, en cet état, étaient accablantes pour la Russie : on venait de la déshonorer, — si la fourberie d'un despote retombe sur ses peuples. Le mal fut encore aggravé par la réponse du ministère anglais, qui, transmise à sir Seymour, dut porter un coup d'autant plus terrible, qu'on se servait contre lui, avec une logique implacable, des arguments captieux qu'il avait employés dans sa conversation avec l'ambassadeur.

Cette correspondance du ministre anglais bien qu'elle paraisse extrêmement piquante, pour le haut personnage auquel on la destinait, était cependant fort modérée, puisque le ministre avait sous les yeux les lettres secrètes de sir Seymour. Toute personne de bon sens doit donc reconnaître aujourd'hui que si grand que fût l'intérêt de l'Angleterre de saisir l'occasion de mettre un terme aux prétentions de la Russie, elle croyait néanmoins en avoir un plus grand encore à conserver la paix de l'Europe et la prospérité du monde.

CHAPITRE IX.

LE MINISTÈRE ANGLAIS ET LE CHANCELIER RUSSE.

Les ministres anglais ont sur tous les autres l'avantage de pouvoir parler en maîtres et de donner à leurs discours, ainsi qu'à leurs notes diplomatiques, la forme et le ton qui leur conviennent le mieux, tout en faisant en sorte que le fond ne dévie pas de la pensée du ministère. Celui de 1853 usa largement de ce privilége; on peut en juger par les deux passages suivants de cette longue dépêche, qui caractérise parfaitement la politique de l'Angleterre.

« En de telles circonstances, il serait peu compatible avec les dispositions amicales qui animent l'empereur de Russie non moins que S. M. la reine de la Grande-Bretagne à l'égard du sultan, de disposer d'avance des provinces qui lui appartiennent. Mais indépendamment de cette considération, il est encore nécessaire de faire observer qu'un arrangement conclu dans un cas pareil tendrait indubitablement à accélérer l'éventualité à laquelle on désire pourvoir. L'Autriche et la France ne sauraient loyalement être tenues dans l'ignorance d'une telle transaction, et le secret ne saurait atteindre le but qu'on se propose, celui d'éviter une guerre européenne. Un tel silence ne saurait même entrer dans les intentions de Sa Majesté impériale. Il est à présumer qu'aussitôt que la Russie et la Grande-Bretagne seraient tombées d'accord sur la politique à suivre et auraient résolu d'y donner suite, elles feraient part de leurs déterminations aux grandes puissances européennes.

« Un arrangement ainsi conclu et communiqué ne resterait pas longtemps secret; et, en même temps qu'il alarmerait et qu'il aliénerait le sultan, la connaissance qu'on en aurait généralement exciterait tous ses ennemis à des actes de violence et à une lutte plus opiniâtre. Ils combattraient avec la certitude du triomphe, pendant que les généraux et les troupes du sultan sentiraient qu'un succès immédiat ne saurait sauver leur cause d'une ruine finale. Ainsi on ferait naître et on fortifierait l'anarchie même que l'on redoute, et la grande prévoyance des amis du malade deviendrait la cause de sa mort. »

Ce langage ne parut pas encore assez poignant pour faire expier à S. M. autocratique l'impertinence de son *je ne permettrai pas*, et sa distinction entre le possesseur *propriétaire* et le possesseur *dépositaire*; le ministre la flagella avec une plume qui, — quoique moins dure que le knout, — ne lui a pas moins déchiré l'épiderme.

« La position de l'empereur de Russie, dit-il, comme dépositaire, mais non comme propriétaire de Constantinople, serait exposée à des *hasards sans nombre*, tant à cause de l'ambition de longue date de son pays que des rivalités de l'Europe. Le propriétaire définitif, quel qu'il fût, ne saurait être satisfait de l'attitude inerte et indolente des descendants de Mahomet II ; une grande influence sur les affaires de l'Europe semble naturellement appartenir aux maîtres de Constantinople en possession des clefs de la Méditerranée et de l'Euxin. Une telle influence pourrait être exercée en faveur de la Russie, elle pourrait aussi être employée à tenir en échec et à dompter sa puissance. »

Après cette leçon un peu dure pour un autocrate de toutes les Russies à la tête de 60 millions de serfs, de plusieurs centaines de princes et d'on ne sait combien de millions de baïonnettes, de lances et de carquois, il fallut dévorer la morale suivante, très-appropriée aux circonstances : — « Il serait à désirer qu'on montrât la plus grande modération envers la Turquie ; que les réclamations que les grandes puissances européennes peuvent avoir à formuler fussent l'objet de négociations amicales plutôt que de demandes péremptoires ; qu'on évitât, autant que possible, les démonstrations soit par terre, soit par mer, comme moyen de coercition envers le sultan ; enfin, que les différends concernant les affaires de Turquie et du ressort de la Sublime-Porte fussent décidés à la suite d'un accord entre les grandes puissances, au lieu d'être imposés à la faiblesse du gouvernement turc.

« A ces observations, le gouvernement de Sa Majesté désire encore ajouter que, dans son opinion, il est essentiel que l'on conseille au sultan de traiter ses sujets chrétiens conformément aux principes d'équité et de liberté religieuse généralement en vigueur chez les nations éclairées de l'Europe. Plus le gouvernement turc adoptera les principes de législation impartiale et d'une administration égale pour tous, et moins l'empereur de Russie trouvera nécessaire d'exercer cette protection exceptionnelle que Sa Majesté trouve déjà si lourde et si embarrassante, bien qu'elle lui soit prescrite par ses devoirs et qu'elle soit basée sur des traités. »

Si le czar, au lieu de se complaire dans son pouvoir autocratique et de se pavaner dans sa prétention de jouer le rôle d'arbitre, de modérateur, de protecteur des nations occidentales, avait sainement apprécié le langage du ministre anglais, il devait immédiatement avouer à l'Autriche, en supposant qu'elle partageât ses desseins; à la Prusse, en admettant qu'il l'eût pour complice, que le moment de songer au partage n'était pas arrivé, qu'il craignait une alliance entre la France et l'Angleterre, et qu'il fallait attendre encore. Le czar pouvait à ce moment battre en retraite, sans déshonneur et sans divulguer toutes les misères de sa diplomatie. Il ne l'a pas voulu; qu'il subisse les conséquences de son despotisme aussi cruel qu'il est inintelligent.

CHAPITRE X.

DE LA DIFFÉRENCE ENTRE PIERRE-LE-GRAND ET NICOLAS-LE-FIN.

On sait que Pierre-le-Grand, quand il avait un juste sujet de mécontentement contre un homme auquel il ne pouvait couper la tête, s'il en valait la peine, ou l'envoyer au bourreau si tel était son bon plaisir, éprouvait immédiatement une attaque d'épilepsie. La Providence lui avait probablement infligé cette infirmité afin de le porter à la patience, à la douceur, à la tempérance. C'était la gentille vivandière dont il avait fait sa femme bien-aimée qui lui appliquait les topiques à ce nécessaires. — Il serait infailliblement mort dans ses bras si un prince d'Occident lui eût adressé une telle épître, mais on n'a rien à craindre pour le czar Nicolas; il est d'une autre trempe que Pierre-le-Grand; aussi la philippique dont nous venons de dire quelques phrases étant arrivée à Saint-Pétersbourg le 18 février, et le czar en ayant eu connaissance le 19, ne se fâcha-t-il pas. Loin de là, il fit à sir Seymour un accueil plus gracieux que jamais, il continua de parler dans le même sens du sultan, ou plutôt de l'empire ottoman, qu'il soutint être à la dernière extrémité. «Je suis, dit-il, moins impatient de savoir ce qui *sera fait lorsque le malade mourra* que de déterminer avec l'Angleterre ce qui ne sera pas fait lorsque cet événement arrivera.

La Turquie, reprit l'ambassadeur, vivra encore pendant bien des années, à moins qu'il ne survienne quelque crise imprévue. Et c'est précisément pour éviter toutes les circonstances qui seraient de nature à amener une telle crise, que le gouvernement anglais compte sur votre généreux concours.

« Alors, répliqua le czar, je vous dirai que si votre
« gouvernement est porté à croire que la Turquie con-
« serve quelques éléments d'existence, il faut qu'il ait
« reçu *des renseignements inexacts*. Je vous le répète,
« le malade se meurt, et nous ne pouvons jamais per-
« mettre qu'un tel événement nous prenne au dépourvu.
« Il nous faut en venir à une entente, et nous y arri-
« verions, j'en suis convaincu, si j'avais seulement dix
« minutes de conversation avec vos ministres, avec lord
« Aberdeen, par exemple, qui me connaît si bien, qui
« a en moi une confiance aussi entière que celle que
« j'ai en lui. Et, ne l'oubliez pas, je ne demande ni un
« traité ni un protocole; une entente générale est tout
« ce que je désire. Entre gens comme il faut, cela suf-
« fit; dans ce cas je suis sûr que la confiance serait aussi
« grande du côté des ministres de la reine que du mien.
« Restons-en là pour le moment; venez demain, dit-il,
« d'un ton de bienveillance très-expensive. »

Il serait difficile d'avoir plus de tenacité. — Cette insistance inspira à sir Seymour la réflexion suivante qui, comme toutes celles que nous avons vues, est une preuve de sa sagacité, de sa bonne foi et de la ferme résolution de l'Angleterre de ne point céder aux prétentions du czar.

« J'ai à peine besoin de faire observer à votre Seigneurie que cette courte conversation, rapportée ici brièvement, mais exactement, fournit un sujet à de plus sérieuses réflexions.

« Et il ne saurait y avoir de doute qu'un souverain qui insiste avec une telle opiniâtreté sur la chute imminente d'un État voisin, n'ait arrêté dans son esprit que l'heure est venue, non plus d'attendre sa dissolution, mais de la provoquer.

« J'ai pensé alors, comme je le pense encore, qu'on n'aurait pas hasardé une pareille hypothèse s'il n'existait pas quelque entente, peut-être générale, mais dans tous les cas intime, entre la Russie et l'Autriche. »

Sir Seymour avait de bonnes raisons pour penser ainsi, l'idée préconçue de la capacité et de la finesse diplomatique du czar, devait lui faire croire à une alliance entre la Prusse, l'Autriche et la Russie. Mais il y a quelque chose deplus décisif que les finesses diplomatiques; c'est l'enivrement d'un pouvoir absolu auquel, jusqu'alors, rien n'avait résisté. C'est lui qui perdra l'autocrate.

CHAPITRE XI.

DE LA SUPRÉMATIE DU CZAR SUR TOUTES LES NATIONS.

Nous allons maintenant extraire de documents secrets d'autres détails, qui sont tout à fait dignes de ceux dans lesquels nous sommes entré. Il s'agira de la France et de l'Autriche seulement, la Prusse étant classée parmi *le reste* dont le czar se soucie fort peu, ou parmi les créatures dont il dispose selon sa fantaisie.

Nous n'avons encore rien vu des sentiments du czar à l'égard de la France; il paraissait avoir quelques raisons de la ménager, et, en effet, on sait aujourd'hui qu'il avait songé, tout en la dédaignant dans ses entretiens avec sir Seymour, *à la faire entrer dans ses vues sur le partage de la Turquie.* Nous allons voir, dans la conversation du 21 février, que Son Autocratie traite cette petite nation assez cavalièrement. La première partie de cette conversation est un retour sur celle dont on vient de lire l'analyse; c'est un verbiage sans portée, la reproduction perpétuelle de la même idée, presque dans les mêmes termes. L'ambassadeur crut voir qu'il ne sortirait rien de cette conférence s'il ne poussait pas à bout son interlocuteur opiniâtre. Il hésita pendant quelques instants; mais, dit sir Seymour, il finit cependant par me dire : « Eh bien, il y a certaines choses *que je ne souffrirai jamais;* je commencerai par ce qui nous regarde. Ainsi, *je ne veux pas l'occupation permanente de Constantinople par les Russes;* et *je ne veux pas non plus* que Constantinople soit jamais au pouvoir ni des Anglais, ni des Français, ni d'aucune autre grande puissance. De même, *je ne permettrai jamais* qu'on tente de reconstruire un empire byzantin, ni que la Grèce obtienne une extension de territoire qui en ferait un État puissant; encore moins *pourrais-je souffrir* que la Turquie fût morcelée en petites républiques, destinées à servir d'asile aux Kossuth, aux Mazzini et autres révolutionnaires de l'Europe. Plutôt que de subir de tels arrangements, je ferai la guerre et je la continuerai tant qu'il me restera un soldat et un fusil. Voilà, dit l'empereur, au moins *quelques-unes de mes idées.* »

Quelques-unes, est bien le mot convenable; il y en avait d'autres qui firent violence à la discrétion de l'autocrate, et notamment celles-ci : « Il se passe à Constantinople et au Monténégro des choses qui ont l'air bien suspect. On dirait que le gouvernement français cherche à nous engager du côté de l'Orient dans l'espoir d'arriver par ce moyen à ses fins, dont l'une est sans doute d'obtenir la possession de Tunis. Il ajouta que, quant à lui, il s'inquiétait peu de la politique que la France jugerait à propos de suivre dans les affaires de l'Orient, et que, depuis plus d'un mois, il avait informé le sultan que *dans le cas où la Turquie viendrait à réclamer* l'assistance de la Russie pour repousser les menaces du gouvernement français, *cette assistance lui serait acquise.* »

Arrêtons-nous un moment sur ces dernières paroles; elles prouvent deux choses : d'abord que la Russie était jalouse de l'influence que la France exerçait à Constantinople. Elle avait raison, mais cette influence existe bien antérieurement à celle de la Russie, et les événements dont nous sommes témoins ne permettent guère que cette puissance prenne le dessus. Elles prouvent ensuite que la Russie dénaturait les demandes de la France, pour empêcher le sultan d'y adhérer, et qu'elle y mettait une violence extrême. Son mécontentement fut donc bien légitime, du moins bien naturel, lorsqu'on lui annonça que la France avait obtenu ce qu'elle désirait et que l'intervention russe était inutile.

Ainsi le czar voit presque simultanément l'Angleterre lui refuser son concours pour opprimer la Turquie, le sultan rejeter celui qu'il lui offre contre la France, et la France repousser son alliance contre la Turquie. Et qui a produit cet ensemble de circonstances vraiment extraordinaire? La diplomatie artificieuse de l'un des czars les plus pieux qui aient régné sur les Russies. — L'état de décadence du gouvernement russe ne saurait être mieux prouvé que par son chef suprême; — jamais preuve fut-elle plus évidente? — Il ne restait plus à Sa Majesté impériale et royale, après s'être brouillée avec la Turquie, l'Angleterre et la France, que de rompre avec la Prusse et l'Autriche; — elle n'y manqua pas, et c'est encore ce maudit ambassadeur anglais, si cajolé par le czar, qui lui donna l'occasion de commettre une aussi énorme faute.

« Comme je désirais, dit-il, savoir s'il existait quelque entente entre l'Autriche et le cabinet de Saint-Pétersbourg, j'ajoutai : Mais Votre Majesté a oublié l'Autriche. Or, toutes ces questions d'Orient la touchent de bien près; elle s'attend naturellement à être consultée.

« Oh! reprit l'empereur, vous devez savoir que lorsque je parle de la Russie, je parle de l'Autriche : ce qui convient à l'une convient à l'autre; *nos intérêts, en ce qui regarde la Turquie,* sont tout à fait identiques. »

Peut-être serait-il permis de trouver dans ces paroles un peu de suffisance. — Qu'il y ait eu concert entre les deux puissances pour se partager les dépouilles de la Turquie, le cas échéant, — c'est chose assez probable. Ce concert s'est manifesté si cordialement à l'égard de la Pologne, de la Hongrie, qu'il est tout naturel qu'il existe pour tout autre État qu'on pourra dépouiller facilement et impunément. Mais lorsqu'il s'agit de la violation des vieux traités sortis d'une sainte alliance, dire d'une puissance absente : quand je parle de la Russie, je parle de l'Autriche, » c'est donner à cette puissance le droit de répondre par un démenti, et c'est ce qu'elle a fait en déclarant que la France et l'Angleterre sont, en combattant les prétentions de la Russie, dans l'exercice de leur droit.

L'autocrate fait, ce nous semble, payer un peu cher au jeune monarque qu'il a pris sous sa fatale protection, le service qu'il lui a rendu lors de l'insurrection hongroise. Dieu sait quel effet produira sur l'Autriche et sur l'Allemagne cette déclaration intempestive et sans doute fort exagérée de l'autocrate; il est peu probable que, dans l'état d'irritation où sont les esprits en Allemagne, elle fasse naître de la sympathie pour cette puissance. Elle se trouve ainsi entre trois feux. — Le czar la sommant de tenir sa parole ou l'insultant par une audacieuse imposture; — l'Allemagne indignée du rôle du principal membre de la grande confédération germanique; — l'insurrection hongroise et l'insurrection lombarde qui n'attendent que le moment de se relever plus furieuses que jamais; car elles ont, avec le désir de restaurer leur nationalité, celui de se venger de tous les outrages dont elles sont abreuvées.

Reste la Prusse qu'on n'a pas même daigné nommer dans ces conversations, — tant on la croit inféodée aux volontés de la Russie. Sur ce point encore, le czar n'a pas la vue longue, car le roi de Prusse peut se blesser aussi bien que son peuple; et, alors, la Russie aurait une belle occasion de montrer sa prépondérance, car elle serait seule contre toute l'Europe; car le reste de l'Allemagne, la Suède, le Danemarck, la Bavière, etc., etc., toute cette cohue est comprise dans ces paroles fort remarquables :

« Dès que nous serons, le gouvernement anglais et
« MOI, MOI et le gouvernement anglais, animés d'une
« confiance réciproque, *je ne m'inquiéterai plus du reste.*

L'imprudence et la malhabileté du czar sont ici descendues jusqu'à une sorte d'idiotisme politique. J'hésite à tracer ce mot, mais je n'en trouve pas d'autre.—Vous ne vous inquiétez plus du reste! Mais le reste, c'est tout, excepté vous; c'est l'Europe entière vous jetant à la face les titres d'imposteur, de pertubateur, de violateur du droit des gens, d'ambitieux vulgaire, manquant de cœur avec les puissants et prodigue d'insolence avec les faibles. Ah! s'il est vrai que les destins de la Russie dépendent du génie d'un homme, comme l'a proclamé Pierre Ier, votre oracle, en tuant son fils, parce qu'il ne lui supposait pas la force de continuer son œuvre de civilisation ébauchée ; comme l'a proclamé Catherine en détrônant son époux; comme l'ont proclamé les assassins de Paul; comme l'a proclamé de nouveau le doucereux Alexandre, lui-même, en exhérédant son frère Constantin; ces destins sont donc bien compromis. Quoi! vous, qui vous croyez le plus grand, le plus habile des czars, vous, que l'Europe absolutiste considérait comme son sauveur, comme son bouclier contre les révolutionnaires, vous effacez de votre main cette auréole de modération qui faisait supporter vos empiétements et votre ambition mal déguisée. Vous n'avez pas vu que, plus la Prusse et l'Autriche s'humiliaient devant vous, plus l'Angleterre et la France seraient intéressées à vous barrer la route de Constantinople et de la Méditerranée!... Il est donc bien vrai que la Russie est en pleine décadence?...

CHAPITRE XII.

DE L'IMPOSSIBILTÉ DU PARTAGE DIPLOMATIQUE DE LA TURQUIE.

Voilà une proposition qui aurait été trouvée bien extravagante il y a six mois, et qui se présente à tous les esprits depuis que le sultan s'est montré plein de sagesse et de modération, en même temps que son persécuteur donnait des preuves multipliées de tartuferie et de duplicité diplomatique.

Les souverains de Russie, depuis Pierre Ier, n'ont rien négligé pour faire propager, par leurs agents russes, français, anglais, allemands, que l'Europe est intéressée au renversement du gouvernement turc. Catherine, surtout, a chargé de ce soin les écrivains qu'elle attirait à sa cour, et il faut convenir qu'ils ont bien gagné leurs pensions et les présents qui leur ont été faits.

Quant aux sultans, leurs préjugés haineux contre les chrétiens ne leur permettaient pas d'user de tels moyens, et l'opinion de leur barbarie, de leur fanatisme, de leur ignorance, s'est accréditée sans examen, aussi bien que celle de l'affabilité, de la douceur des Russes.—Il fallait retourner la phrase, et l'on se trouvait dans le vrai. Tâchons de faire, preuves en main, ce que personne encore n'a tenté, à notre connaissance du moins, et nous arriverons à cette conclusion, que de toutes les nations asiatiques les mieux constituées, il n'en est pas une seule qui puisse souffrir la moindre comparaison avec la constitution ottomane; et que, sous ce rapport, comme sous celui de l'instruction, de la bonne foi dans les relations commerciales et des *mœurs*, — oui des mœurs, les institutions turques l'emportent, de beaucoup, sur la constitution russe. Les deux derniers mots paraîtront antipathiques, mais ils ne le sont pas autant qu'on pourrait le croire. Quand je dis constitution russe, je veux dire organisation. C'est ainsi que, dans l'insurrection qui avait pour but de porter Constantin au trône, on criait, en Russie : Vivent Constantin et la constitution !

La constitution turque est purement administrative et judiciaire; elle est tout entière dans le Coran, dans les réformes de Sélim III, de Mahmoud et du sultan régnant. A Sélim le premier honneur, car il a pris l'initiative, il a fait ses réformes sans violence; elles lui ont coûté la vie. A Mahmoud la gloire, car il a fait preuve d'un courage indomptable, et la destruction des janissaires est un pas immense pour la civilisation de son empire. A Abdul-Medjid le bonheur, car il entre dans les voies civilisatrices, avec le concours de toutes les sommités intellectuelles de son empire, qui, quoique démembré, est encore un des plus vastes et des mieux établis de l'Europe. Je dis l'Europe, puisque sa capitale et ses institutions sont, en effet, européennes et ses populations asiatiques le deviendront aussi par leur adhésion à une réforme qui doit captiver leur imagination.

Nous reviendrons sur ce point dans notre livre III, qui traitera de la religion et des institutions de l'empire ottoman.

Il faut espérer, en effet, que de même que les imaginations orientales ont été séduites par la beauté des préceptes de Mahomet, de même qu'elles leur sont restées fidèles, de même elles seront entraînées par les préceptes civils et politiques en ce qu'ils ont de conciliable avec la loi de Mahomet, et dont nous parlerons dans le livre suivant, chapitre VI.

L'idée la plus accréditée en France, ainsi que dans bien d'autres pays, est celle du despotisme des grands à l'égard des petits, de l'esclavage du peuple et d'une aristocratie toute puissante ; il n'en est pas de plus fausse.

L'égalité de naissance est absolue ; on peut parvenir aux emplois en partant des derniers rangs de la société aussi bien que des premiers. — On doit soumission aux fonctionnaires, mais ils ne doivent rien exiger de contraire à la loi. Si ce précepte est violé, c'est aux risques et périls de celui qui le viole. — L'égalité chez les Turcs est un article de foi ; aussi, dès que par suite des réformes commencées, tous les sujets de la Turquie seront déclarés égaux, quelle que soit leur religion, la Turquie sera, sans contredit, le pays du monde où l'égalité sera le mieux établie.

Tels sont les principes du droit public en Turquie. On les voit, sans doute, entourés d'autres principes qui obscurcissent un peu la loi de Mahomet, qui s'accordent peu avec nos idées; mais aucun ne détruit ceux que nous venons de citer; ils s'appuient, au contraire, les uns sur les autres, pour former un tout complet et pour régler cette société tant décriée parce qu'elle est mal connue. — Il n'est donc pas étonnant que la nation turque tienne fortement à ses institutions; et, par cela même, le véritable moyen de faire pénétrer la civilisation européenne dans les esprits musulmans est incontestablement celui qu'avait employé le général Bonaparte, à la tête de l'armée d'Égypte : *respecter la religion établie, étendre les droits civils et bien déterminer les devoirs.*

Le czar a senti la possibilité de la civilisation, puisqu'il la craint. Il a reconnu qu'elle irait plus vite en Turquie que chez les Calmouks, les Cosaques, les Koursk, les Kamtchadales, les Koriocs, les Tchouktchi, les Tchouvaches, les Vogoulitchs, et autres nations héroïques qui florissent sous la protection de l'autocrate de toutes les Russies, et qui, dit-on, ne sont rebelles qu'aux règles de l'alphabet. C'est donc modestement dans le but de n'être pas devancé qu'il s'est empressé de faire la guerre à la Turquie avant qu'elle ne fût en état de lui résister par la science stratégique et par l'épée.

Disons donc que des gouvernements de l'Allemagne, de l'Italie, de toute l'Europe, à l'exception de l'Angleterre, il n'en est pas un qui ait autant de symptômes de vie que celui de la Turquie. Il en a plus que la Russie, elle qui fait, depuis cent ans, proclamer que la Turquie se meurt, et qui, très-certainement, doit mourir avant elle.

Sous le rapport judiciaire et sous le rapport civil, il

reste à la Turquie peu de chose à faire pour surpasser bien d'autres gouvernements considérés comme heureusement constitués. Nous en donnerons une preuve dans le livre suivant, et nous verrons plus tard qu'il n'en est pas de même de la Russie.

Sous le rapport militaire, les progrès qu'elle a faits sont assez grands; ceux qu'elle fait, assez rapides pour éveiller la susceptibilité ou la crainte de ses voisins. C'est peut-être là le secret de l'animosité des Russes. Le gouvernement moscovite voit quel parti Pierre Ier a tiré de l'organisation à l'européenne de ses peuplades indisciplinées; — il sait que c'est Charles XII qui, par ses folies, a formé les armées de la Russie; il sait quels changements notre occupation de l'Égypte a fait naître dans son organisation militaire; il sait les merveilles obtenues par nous en Algérie, par les Anglais dans toutes leurs possessions d'outre-mer; il prévoit, dès-lors, que des réformes faites en Turquie transformeront en un voisin puissant celui qu'il lui est si doux, si utile, et si facile d'opprimer.

De ce que nous venons de dire, on peut tirer cette conséquence : que le bouleversement de la Turquie ne viendra pas d'elle-même; car elle sait qu'elle ne peut lutter, telle qu'elle est, contre aucune nation européenne; elle voit, elle comprend, enfin, son côté faible, et veut se prémunir contre la suprématie de ses ennemis.

Le bouleversement peut-il venir de la Russie? Non. Elle y travaille depuis cent cinquante ans et n'a réussi qu'à se faire détester. L'union des Turcs n'a jamais été ébranlée. On a pu leur enlever des provinces, mais on n'a pas même affaibli leur conviction ; on le peut moins à présent qu'en aucun temps.

Le bouleversement ou le partage peut-il venir des grandes puissances de l'Europe ? Pas davantage. Cette dernière opinion est facile à justifier.

La position géographique de Constantinople et de la plus grande partie de l'empire l'appelle à jouer un rôle important en Europe, et peut-être à balancer un jour l'influence qu'on a laissé prendre à la Russie. Les traités ont décidé que l'existence de cet empire était nécessaire à l'équilibre européen ; aucune puissance ne peut donc tenter de le démembrer sans s'exposer aux attaques de toutes les autres, et aux attaques sérieuses, car il y va d'intérêts considérables dans chaque nation. Supposons que la Russie parvienne à s'emparer de Constantinople, elle dominerait à l'instant la mer Noire, le Danube et la Méditerranée ; et l'Angleterre, la France ne le souffriraient pas. Cela n'a pas besoin de démonstration, la question étant définitivement tranchée par les faits qui se passent sous nos yeux.

Supposons que l'Angleterre se substitue au gouvernement turc. La perturbation serait plus générale encore, et ses points de contact avec la Russie et l'Autriche mettraient en péril cette position dont elle ne tirerait aucun profit. — On peut en dire autant de la France. La Turquie va donc se régénérer dans l'intérêt de tout le monde ; elle va s'affilier aux puissances occidentales pour préparer, par ses rapports moraux et commerciaux avec elles, sa civilisation et le développement de ses institutions ; les Ottomans seuls peuvent espérer cette transformation; tout autre peuple campé sur le Bosphore y serait en guerre perpétuelle avec la Russie, les Turcs, les Egyptiens, soulevés, soutenus par une ou plusieurs puissances de l'Occident. La jalousie réciproque de ces puissances serait telle, que le commerce, toujours gêné, souvent anéanti par les guerres qu'elles se feraient, succomberait, au grand détriment des intérêts européens.

C'est la conviction de cette vérité qui a porté les grandes puissances à garantir l'intégrité de l'empire ottoman. La Russie a regardé ce traité comme une lettre morte, elle entreprit de le violer. Elle est, dès à présent, guérie de cette passion malheureuse pour Constantinople. Elle ne veut pas même avoir l'air d'y penser. Cela ne suffit pas. Il faut qu'elle y renonce autrement que par des paroles qu'elle retire quand il lui plaît. Elle, qui aime tant les garanties, va être forcée d'en donner à son tour. Elle a tellement détruit le prestige dont l'avaient entourée la faiblesse des grandes puissances occidentales et les connivences de la Prusse et de l'Autriche, que jamais, non jamais, elle ne pourra revenir aux desseins de Pierre Ier et de Catherine II, sans s'exposer à des désastres sans compensation. C'est, en un mot, un des avantages de la crise présente d'ôter de la confiance à la Russie, d'en inspirer à la Turquie, et de donner plus de sécurité à notre vieille et pacifique Europe.

CHAPITRE XIII.

LE PARTAGE DE LA RUSSIE EST FACILE.

Le point important dans cette proposition est de concilier la décomposition de ce grand corps sans âme avec le principe de l'équilibre européen. Il est clair d'abord que si les traités de 1815 ont établi cet équilibre, il suffirait d'amoindrir la Russie pour qu'il n'existât plus; mais si, au contraire, une erreur grave a été commise, si l'on a donné à la Russie une prépondérance qui menace tantôt la Pologne, tantôt la Suède, tantôt l'Autriche, vulnérables sur plus d'un point, et susceptibles d'être elles-mêmes démembrées avec une très-grande facilité; si la Prusse n'est rien qu'une vassale aux yeux de son formidable protecteur, il n'y a plus d'équilibre possible, et les traités de 1815 sont annihilés dans leur effet principal. La France et l'Angleterre sont assurément, à elles deux, aussi fortes que la Prusse, l'Autriche et la Russie réunies. Aucune guerre occidentale ne réussira donc contre la France tant qu'elle aura pour alliées la Turquie et l'Angleterre, mais la lutte est possible, et cette possibilité seule est une calamité européenne.

C'est à cela qu'il s'agit de pourvoir en faisant, à l'égard de la Russie, ce qu'on a fait à l'égard de l'empire français; ce qu'Alexandre, de doucereuse mémoire, a pu faire, en 1814, au nom de la tranquillité de l'Europe, l'Europe a le droit de le faire à l'égard du successeur d'Alexandre. La France et l'Angleterre ont décidé qu'elles ne voulaient point d'agrandissement, point de conquêtes; elles tiendront parole; et cette déclaration a plus de générosité de la part de la France que de celle de toute autre puissance; mais cette abnégation ne regarde que ses intérêts particuliers et ne la lie pas en ce qui touche les intérêts européens. Il serait donc juste de poser cette première question : — La Pologne sera-t-elle reconstituée telle que les traités de 1815 l'ont établie? — Cette question résolue affirmativement par la France et l'Angleterre motiverait, sans aucun doute, une grande résistance de la part du czar. Dans ce cas, leurs flottes porteraient une armée sur la Baltique, l'indépendance de la Pologne serait proclamée et des moyens seraient donnés à cette malheureuse nation pour reconquérir elle-même son existence brisée par son oppresseur, infidèle aux traités qu'il a jurés.

On objectera que ce serait donner une prime à l'insurrection. — Cela peut être vrai; mais qui pourrait s'en plaindre? Ce n'est pas la Russie dont on suivrait la politique; car c'est ainsi qu'elle a accompli la plupart de ses conquêtes, et elle ne pourrait pas trouver mauvais qu'on fît à son égard ce qu'elle fit si bien contre la

Turquie, en soutenant, en sanctionnant l'insurrection de la Grèce. — Une insurrection, dont le but est de reconstituer une nationalité, a, de tout temps, été chose permise aux peuples assez forts pour arriver à leur but. Celle de l'Espagne, par exemple, n'a-t-elle pas eu les sympathies de toute l'Europe ? il en fut de même de celle de l'Egypte, de celle de la Grèce. Il en serait de même de celle de la Pologne, de celles de la Finlande et de la Crimée, si ces débris de nations luttaient, les uns pour se soustraire au joug de la Russie et les autres pour se constituer en gouvernements réguliers ou se rattacher à ceux dont l'astuce et la force les ont séparés.

On me comprendrait mal si l'on tirait de mes paroles l'induction fort à la mode que j'approuve les tentatives révolutionnaires de ces partis perdus qui ne rêvent que conflagrations et bouleversements; je ne rêve, au contraire, que pacification, civilisation et constitution solide des États, pour arriver à la plus grande somme possible de bonheur pour les peuples. Et je suis très-conséquent avec mon principe quand je propose non pas de démembrer la Russie, Dieu me préserve d'une telle pensée! mais de lui faire rendre gorge; de réparer tous les maux qu'elle a faits; de rendre la liberté aux peuples qu'elle tient sous un joug de glace et de fer. — Un peu plus tôt, un peu plus tard, il faudra que l'Europe en vienne là; c'est le sentiment universel.

Un jour viendra où la reconstitution sera plus facile, mais elle ne sera jamais plus opportune. Ce jour, c'est celui où la noblesse, asservie à la volonté d'airain de Nicolas, passera sous la domination de quelque stupide comme tels et tels que l'on pourrait citer. — C'est son destin inévitable; mais l'époque en est incertaine, et bien des misères nouvelles attendent les provinces annexées à la terre classique du despotisme. — Un beau rôle alors sera réservé à l'empire ottoman : ce sera l'époque de sa résurrection et de son entrée en ligne dans les forces morales et politiques de l'Europe. Mais, s'il est permis de raisonner comme le czar et de stipuler sur une succession future, on peut, *a fortiori*, raisonner d'une restitution actuelle. Il est toujours temps, toujours opportun, de rétablir le droit et de faire fleurir les règles de la justice. Il est temps, surtout quand celui qui les a violées est pris en flagrante récidive, et qu'il s'est rendu assez coupable pour soulever l'indignation du monde et pour armer contre lui la Turquie, l'Egypte, la France et l'Angleterre. Cette satisfaction donnée aux peuples aurait même aujourd'hui un avantage qu'elle n'aurait pas plus tard, ce serait d'être une punition d'un excellent exemple pour l'Europe entière. Il faut aussi, quant à l'opportunité de cette grande mesure, prendre en considération la position que se sont faite l'Autriche et la Prusse. La terreur que leur inspire celui qui dit : — *Quand je parle de la Russie, je parle de l'Autriche;* celui qui pense que la Prusse, puissante par lui, est toute à lui et ne serait rien sans lui; cette terreur, dis-je, a pu les déterminer à rester à l'écart. Elles parlent de neutralité, donc la Russie a tort; elles refusent de marcher avec elle, donc elles redoutent un échec; et si cette prévision de la peur a quelque fondement, on sait par ce qu'elles ont fait en 1812, comme vassales de l'empire français, en 1813, comme vassales de la Russie, ce qu'elles feraient si la Russie était victorieuse, aussi bien que ce qu'elles feraient si elle était vaincue.

Sur ce point encore, elles nous ont tracé la conduite à suivre dans les circonstances où nous sommes; elles ont, en 1815, récompensé tous leurs suppôts, et puni rigoureusement la Saxe et la Pologne de leur fidélité à la France et de leur respect pour une grande infortune. Mais ces deux puissances sont ébranlées par la voix publique; elles hésitent; si l'autocrate les presse de lui faire connaître leur résolution pour l'avenir, elles répondent qu'elle dépendra de l'intérêt de leurs peuples. Plus elles ont fait d'efforts pour arrêter l'entreprise de la Russie, plus elles sont fondées à se plaindre de sa résistance; plus elles seront tentées de se joindre à la France et à l'Angleterre. C'est dans leur intérêt encore plus que dans le nôtre; et, si ce qui transpire des délibérations des corps constitués est exact, il est probable que déjà leurs dispositions sont prises. Quelques précautions qu'on emploie pour étouffer la vérité, elle surgit, éclate de toutes parts; il est constant que sur tous les points de l'Europe se manifeste contre le czar une formidable exaspération. — C'est justice. — Le droit de chacun est d'en profiter.

Ainsi, n'en doutons pas, la décadence de la Russie a commencé le jour où elle a forcé la plus belle partie de son empire à la haïr, à se soulever. L'insurrection polonaise a prouvé que les czars n'ont pas la puissance dont ils se vantent. Si la mutilation de cette héroïque population a été la première phase de la dissolution de cet empire ; les tentatives de corruption étalées et rejetées en France et en Angleterre en ont été la seconde ; la guerre en est la troisième ; puisse-t-elle être la dernière !...

Mais une question fort grave se présente à tous les esprits, c'est celle-ci : une coalition entre la Prusse, l'Autriche et la Russie pourrait-elle retirer cette dernière de l'abîme dans lequel on vient de la voir se précipiter de gaîté de cœur, comme si elle voulait jouer avec la destinée de son empire?... Non, elle ne le pourrait pas ; cette coalition n'aurait d'autre résultat que la perte des trois monarchies absolues de l'Europe. Il suffit d'examiner attentivement la position financière et militaire de chacune d'elles, pour se convaincre de cette vérité.

Quant à la Russie, elle est probablement au bout des sacrifices qu'elle peut faire en argent, en équipement, en matériel de guerre. — Il est fort probable que si les petites guerres des favoris de Catherine suffisaient pour vider ses trésors, celle que vient d'entreprendre le czar est plus que suffisante pour consommer, ainsi qu'il le disait, son dernier rouble et son dernier fusil. La situation de la Prusse est-elle meilleure ? Cela n'est pas certain.

La Prusse possède assurément une belle armée. Mais cela ne suffit pas ; il faut de plus, pour entrer en campagne, un esprit patriotique comme en 1814, en 1815, et le roi de Prusse a tout fait pour le tuer. Il cherche à reconquérir le terrain qu'il a perdu, mais il faut du temps et des faits ; du temps, il n'en a pas ; des faits, ils tournent contre lui.

Il recueille aujourd'hui les fruits de son imprévoyance. Lorsqu'il s'agissait de venir sur le Rhin résister à l'agression des Français ou se venger des défaites que les soldats prussiens et autrichiens avaient éprouvées, on était prêt à partir; on savait qu'on ne manquerait de rien sur cette belle terre de France où naguère on venait chercher des plaisirs; et d'ailleurs les guinées de l'Angleterre étaient dans les caissons en attendant l'arrivée des contributions françaises. — Stipendié de Pitt ou de Caslereagh, il fallait payer de sa personne. On y était poussé par l'esprit public irrité et par l'espérance de victoires qui pourraient effacer d'assez tristes souvenirs. Mais qu'aurait-on à faire aujourd'hui? Il faudrait, ou bien entrer en ligne sur les bords du Danube, dans un pays ruiné, saccagé, trempé de sang; et pourquoi? Pour assurer à la Russie la domination de ce fleuve, de ce grand canal aussi indispensable à l'Allemagne que l'air pur qu'elle respire. — Ou bien, comprimer les restes de la Pologne prête à secouer leur joug, si les grandes puissances viennent enfin à leur secours. Ou bien, étouffer les cris de la Hongrie impatiente de réparer son échec. Tout cela est difficile, peu glorieux. Les Prussiens seraient peut-être plus disposés à donner la main à de tels ennemis, qu'à se battre contre eux.

L'entreprise de la Prusse serait donc pleine de dangers, sans aucune chance de succès ni de profit. Tous les Allemands, d'ailleurs, comprennent que courir au secours des Russes ce serait livrer leurs foyers aux bataillons français, qui, dans ce cas, feraient assurément une diversion sur le Rhin dans l'intérêt de leurs frères engagés en Orient.

Passons aux finances, c'est en cas de guerre, un point capital pour la Prusse et pour l'Autriche.

CHAPITRE XIV.

DE L'OPINION DES POPULATIONS ALLEMANDES ET DE L'EMPRUNT PRUSSIEN.

Il résulte évidemment des communications officielles de la Prusse et de sa demande d'un emprunt, pour la mettre à même de faire face aux éventualités qui se préparent, qu'elle n'a encore pris aucun parti, si ce n'est peut-être celui de se ranger du côté du plus fort. Toutes les précautions et tous les actes de prudence du roi de Prusse pour neutraliser l'effet que produit l'agression russe sur les populations allemandes, pour étouffer l'agitation que causent ces actes et ces précautions même, ne font qu'accroître, échauffer les démonstrations patriotiques. Le roi de Prusse est peut-être en ce moment fidèle à ses engagements avec la Russie; mais l'est-il à ses devoirs envers l'Allemagne et l'Europe? C'est là une question de premier ordre que n'aborde pas sérieusement le mémoire lu aux chambres par M. de Manteuffel. Il évite, au contraire, de s'ouvrir sur les intentions de la Prusse. Elle est résolue, dit-on, à se réserver, pour tous les cas, son action légitime pour le maintien de l'équilibre européen. Cette déclaration est aux yeux du gouvernement prussien une sorte de concession faite à l'opinion publique; mais le passé a rendu les Prussiens incrédules; on ne voit dans cette prétendue concession qu'un expédient pour obtenir un emprunt. — Et d'ailleurs de quel équilibre entend-il parler? est-ce de celui consacré par les traités, ou de celui concerté entre lui, l'Autriche et la Russie? Dans le premier cas, pourquoi ne pas dire nettement : nous nous opposerons au partage de la Turquie; pourquoi ne pas s'opposer de suite à l'occupation des deux principautés, au passage du Danube, à l'attaque des places fortes de la Turquie?

Le roi de Prusse entend-il que l'équilibre ne sera menacé que lorsque les Russes occuperont Constantinople? Et si les Russes l'occupaient comme *dépositaires*, et non comme propriétaires, selon la distinction diplomatique du czar, y aurait-il atteinte portée à l'équilibre européen? Il suffit de ces questions pour jeter la Prusse dans le plus grand embarras. Cette puissance, née d'hier, cherche en vain à se donner une importance qu'elle n'a pas. Elle a peur, ou plutôt son souverain, lié personnellement avec l'autocrate, craint de prendre parti contre lui avant qu'il n'ait été battu. Cette conduite pourrait bien être moins prudente qu'on ne le pense.

En attendant que la lumière se fasse sur ce point, et elle se fera, l'opinion publique en Allemagne est d'accord avec celle de la France; et cependant, le roi de Prusse se contente du rôle de médiateur. Il se tient l'arme au bras. — Il ne dort pas, — mais il semble dormir.

Les flatteurs de Catherine disaient : *la lumière nous vient du Nord*. L'autocrate fait mieux, il le prouve à sa manière par son journal de Saint-Pétersbourg et son mémorandum. Il est sorti de cette double publication des étincelles qui illuminent la Prusse aussi bien que l'Autriche ; mais tous les hommes de cœur qui comprennent les intérêts de l'Allemagne devancent l'explosion prochaine. Ils sont humiliés du rôle que le roi de Prusse leur fait jouer, de l'abaissement de leur crédit, de la pesanteur de leurs impôts ; ils gémissent, ils rougissent, et, spectacle étrange ! ils tournent vers la France et l'Angleterre leurs regards et leurs espérances.

Ils sont fiers des belles légions prussiennes paradant à Berlin ; mais ils gémissent de l'épuisement du trésor pour n'arriver qu'à de vaines fanfares. Ils aspirent au retour de leur liberté. — Quoiqu'on fasse, ils sauront la reconquérir ; peut-être même sortira-t-elle des rangs pressés qu'on discipline contre elle, car le pouvoir en lui-même est sans force, sans confiance, et, dans un mois, dans quelques jours peut-être, il peut tomber sans effusion de sang devant ces mots qui circulent de bouche en bouche depuis les bords du Rhin jusqu'aux flots de la Baltique : refus d'action, refus d'impôt.

CHAPITRE XV.

DE LA PRÉPONDÉRANCE DE LA FRANCE.

La prépondérance sur les mers est assurément acquise à l'Angleterre. Celle sur le continent que s'arrogeait l'autocrate de toutes les Russies s'échappe de ses mains de plomb et revient à la France. Cette belle France, devant laquelle l'Europe entière a si longtemps tremblé, qu'on a tant outragée après les désastres de 1812 ; cette France, qu'on fut tenté de démembrer, dont on osa mutiler les frontières ; cette France, qu'on voulait avec raison écarter du partage de la Turquie, il a suffi de quelques mots pour lui rendre sa prépondérance européenne. JE NE VEUX PAS QU'ON VIOLE LES TRAITÉS ! Là est toute sa politique, et dès que ces mots sont prononcés, l'Autriche a honte d'avoir voulu ; la Prusse ne sait si elle veut encore, et la Russie n'ose plus vouloir. Elle chancelle, il lui faut tomber dans les subtilités diplomatiques, dans les déceptions les plus ridicules, dans les protestations évidemment mensongères, et subir l'affront d'être abandonnée par ceux qu'elle croyait être ses complices, en même temps qu'elle est menacée par ceux qui, malgré ses instances, ont refusé de l'être.

La France est aujourd'hui l'arbitre de la paix de l'Europe : que cent mille hommes passent le Rhin, et le feu s'allume aussitôt à Berlin, à Vienne, à Varsovie, et l'insurrection surgit de nouveau, proclamant l'indépendance de l'Allemagne, la résurrection de la Hongrie, l'affranchissement de la Pologne et de l'Italie; telle est la conflagration générale que soulèvent les étranges prétentions de la Russie, ou plutôt l'orgueil du potentat universel qui menace l'Europe de sa tyrannie.

L'ambassadeur d'Angleterre en a prévenu le czar; la complaisance de l'Autriche et la soumission de la Prusse ne peuvent s'expliquer que par la terreur que leur causent ces terribles éventualités. Elles croyent que la France est disposée à favoriser ce mouvement dans lequel elles périraient. C'est une grande erreur. Si les puissances occidentales avaient voulu employer de tels moyens, la chose serait faite; mais la France a des idées plus élevées; elle ne fera pas en Allemagne ce que font, en Turquie, en Grèce, les agents de la Russie; elle ne veut pas de fermentation dans les masses; elle veut de l'enthousiasme dans les nations; elle ne solde pas des insurrections, elle arme, elle combat, non pour elle seule, mais pour un allié dont l'existence est garantie par les traités. L'union de la France et de l'Angleterre, pour arrêter une seconde invasion des barbares, doit avoir un résultat imprévu : elle doit convaincre d'impuissance l'Etat qu'on croyait le plus puissant du monde, et qu'on traitait en arbitre souverain de tous les autres États. Que la Prusse, l'Autriche le traitent encore ainsi, rien de plus simple ; elles ont pour cela d'excellentes raisons ; mais l'Allemagne, mais la Hongrie, mais la Pologne, mais l'Italie, mais la France, mais l'Angleterre, mais la Turquie elle-même, si souvent sa victime, aujourd'hui sa rivale, ne partagent pas ce sentiment sur l'ascendant exagéré de la Russie.

La Prusse se perd à force de précautions pour ne pas se compromettre. Jamais roi ne comprit moins l'intérêt de ses peuples et c'est pitié que de le voir s'effacer lui-même de la liste des grandes puissances !

O Frédéric ! tu disais que, si tu étais roi de France, il ne se tirerait pas un coup de canon en Europe sans ta permission, que dirais-tu de ton successeur, si tu le voyais repousser l'alliance de la France et de l'Angleterre, pour se soumettre aux fantaisies de Nicolas Ier, ce glorieux, cet invincible conquérant de principautés sans princes et sans soldats !

La Prusse est aujourd'hui dans le moment le plus critique qu'elle ait jamais traversé. Elle ne peut pas ne pas céder aux cris de l'Allemagne, et, plus tard elle le fera, plus elle encourra de responsabilité. Elle pouvait, par un mouvement spontané, se mettre à la tête de la confédération ; elle le devait dans l'intérêt de la Russie qu'elle aurait arrêtée au bord du précipice creusé de ses mains ; elle ne l'a pas osé. Elle a perdu, par ses hésitations, une position dont l'Europe ne la croit plus digne ; elle marche à la suite, humiliée, confuse, traînant péniblement le boulet que le czar a rivé à sa chaîne ; et ce n'est point en cet état qu'elle entrerait dans une coalition. La Prusse n'a jamais inspiré de crainte à la France ; elle l'a vue vers l'Argonne, elle l'a vue à Valmy, elle l'a vue à Iéna, cela suffit ; mais aujourd'hui, elle n'est pas même ce qu'elle fut dans ces jours dont elle a gardé le souvenir. Un coup de dé peut tourner contre le roi ces armées dans lesquelles il met toute son espérance. Il n'entrera pas non plus en lice contre la France et l'Angleterre.

S'alliera-t-il donc à l'Autriche contre la Russie ?—Oui, s'il y est contraint par l'effervescence de son peuple et par la terreur que lui inspirent les Français qui ne sont qu'à deux pas de Trèves et de Coblentz et qui connaissent si bien la route de Berlin ; oui, si nos flottes menaçant de leurs bombes Dantzig et Kœnisberg, se disposaient à occuper les bords de la Baltique ; or, cela dépend de la France et de l'Angleterre. Tel est le sort que le roi de Prusse s'est fait lui-même. Il n'en est ni de plus dangereux, ni de moins digne d'un petit-fils de Frédéric ; aussi ne doit-on pas s'étonner qu'on ne voie en Allemagne d'autre issue que la révolte et l'abdication.

CHAPITRE XVI.

ATTITUDE DE L'AUTRICHE.

On a cru pendant quelques jours que cette puissance voulait se réserver toute son indépendance. Qu'ennemie de la guerre, inquiète des dispositions des Hongrois et des Lombards, qu'elle a plutôt ulcérés qu'abattus, elle se bornerait à les surveiller, à les contenir, en attendant l'événement.

Elle ne demanderait pas mieux, peut-être, d'entrer en accommodement avec les puissances occidentales, mais ces puissances ne la pressent ni la repoussent. Elles sont prêtes à l'admettre dans la croisade contre la Russie et prêtes à s'en passer. L'état de ses finances lui donne de la circonspection, et l'état des esprits une profonde inquiétude; c'est assez pour motiver l'attitude qu'elle a prise, et celle qu'on prend avec elle.

L'Autriche est essentiellement médiatrice, elle veille avec une extrême sollicitude au bien-être de ses populations; elle protège le commerce, les écoles; et, quoique son gouvernement soit despotique, il en est peu de plus doux et de plus juste. L'Autriche a horreur des idées révolutionnaires et de la presse en général. Aussi résiste-t-elle à toutes les idées dites progressives, sans cependant favoriser l'obscurantisme. — Vivre en paix est sa devise; c'est la plus belle qu'une grande puissance doive adopter. Cela tient à la douceur de ses habitants, comme les fureurs de l'autocratie naissent de la sauvagerie des peuplades qu'elle a domptées. Personne ne sait mieux que l'Autriche tout ce qu'elle pourrait perdre dans une guerre avec l'Angleterre et la France, combattant pour l'exécution des traités. Aussi désapprouve-t-elle avec toute l'énergie dont elle est susceptible les entreprises insensées du czar, sans oser le combattre de la seule manière qui soit efficace avec les despotes.

Il est cependant bien important pour l'Autriche que la paix soit rétablie ; elle aurait beaucoup à perdre à la prolongation de la guerre, car elle gênerait un commerce fort étendu, et pourrait donner lieu à des soulèvements qu'elle serait hors d'état de réprimer. La Russie ne doit donc pas compter sur elle, et le czar a eu grand tort de dire à l'ambassadeur anglais : *Quand je parle de la Russie, je parle de l'Autriche.* C'était une ruse pour attirer l'Angleterre, et si, en effet, la Russie avait eu pour elle l'Autriche et l'Angleterre, la France et la Turquie auraient entrepris une tâche au-dessus de leurs forces. Mais le peu de crédit qu'a le papier autrichien, l'incertitude perpétuelle sur le payement des impôts, que l'agitation des contribuables rend de plus en plus douteux, l'idée généralement admise que l'Italie et la Hongrie ne se tiennent pas pour battues, tout cela donne à l'Autriche une position difficile ; elle redoute trop un démembrement de ses propres états pour vouloir concourir au démembrement de la Turquie, au profit d'un état déjà trop puissant pour tous ses voisins.

Mais, par la même raison, elle ne voudrait pas non plus contribuer à celui de la Russie. — Elle le voudrait d'autant moins, qu'il serait assez difficile de relever le royaume de Pologne sans donner à l'Autriche un voisin dangereux pour ses idées absolutistes et pour des peuples qui trouvent ces idées fort peu de leur goût. Le système russe lui convient bien mieux. Comparativement à ce qui se passe en Russie, l'Autriche est une pépinière de libéralisme ; peut-être que, comparativement à ce qui se passerait en Pologne, le gouvernement autrichien perdrait jusqu'à la réputation bien méritée qu'il s'est faite de bon, juste et bienveillant.

Il faut cependant que l'on s'y résigne. Les têtes allemandes fermentent ; la Prusse sera, dans un temps assez court, ramenée aux institutions constitutionnelles, et l'Autriche n'en souffrira pas moins que si elles lui venaient de la Pologne. Il n'est pas possible, quand deux peuples comme ceux de France et d'Angleterre se lèvent en armes, font d'énormes sacrifices pour préserver un gouvernement réformateur du joug d'un despote ennemi de toute réforme, qu'il n'entre pas dans leurs vœux de préparer au moins les nations aux modifications que réclame l'opinion publique dans tous les états. La prospérité, la force, le crédit de ces puissances sont, pour l'Autriche, un avertissement énergique sur ce qui lui reste à faire, si elle veut conserver en Europe l'ascendant dont elle jouit à juste titre depuis longtemps; mais la décadence de la Russie est surtout le plus grand exemple qu'elle puisse avoir des vicissitudes des empires, quand leurs destinées sont à la merci de la volonté, des caprices, des vices, des crimes de souverains comme ceux qui régnèrent sur les Russies. L'exemple est d'autant plus saillant, plus terrible, que le châtiment va tomber sur un prince auquel on ne peut reprocher aucun des vices qui souillèrent trop souvent la couronne avant et depuis Pierre-le-Grand.

Le czar se conduit comme un enfant gâté de la fortune. Tout lui a souri jusqu'à ce jour. Il est bien dur, il faut en convenir, après tant de conquêtes qui lui sont venues en dormant, de se voir sur le point d'en perdre une partie, et d'indiquer au monde un commencement de démembrement. Le premier pas de décadence est une chose terrible; mais quelque chose de plus terrible encore, c'est de l'avoir méritée, c'est d'avoir pu et de n'avoir pas voulu l'éviter.

Les finesses diplomatiques de Nicolas Ier sont de beaucoup au-dessous de celles de ses prédécesseurs ; Constantin, qu'on a repoussé de l'empire, n'eût pas commis cette faute, pas plus que celle du déchirement de la Pologne. Mais ce qui est surtout impardonnable, ce qui le frappe à mort, c'est ce qu'il a fait pour Napoléon, qu'il voyait avec déplaisir élevé si haut par une volonté nationale lâchement comprimée par son frère et dédaignée par lui-même. On se souvient de sa discussion avec sir Seymour sur le titre de Napoléon III, qui impliquait une filiation monarchique sans interruption ; cette petite chicane, qui indiquait le dessein de contester ce titre en cas de guerre ou de congrès; ce mauvais vouloir, qui se manifestait assez ouvertement tant contre la France que contre son élu, a produit sur l'Europe un effet prodigieux auquel le czar n'avait certainement pas songé. Le voici :

Les révolutions de France ont en Europe un tel retentissement, qu'elles sont toujours un sujet de crainte ou d'espérance souvent les plus extravagantes. L'élection de Napoléon, à une majorité merveilleuse, avait atténué le coup de celle de 1848; ce fut un grand bonheur pour l'Europe entière; mais à côté de cette bonne fortune inespérée se manifestait un effroi assez légitime. Les mauvais possesseurs craignant toujours d'être dépossédés, on supposait à Napoléon l'intention de se faire rendre ou de reprendre les frontières morcelées en 1815.

Se faire rendre, rien de plus naturel; cela viendra quand il en sera temps; mais reprendre, c'était compromettre la question plutôt que la résoudre. — C'était la guerre, et Napoléon III n'en voulait pas; il l'a dit, il l'a prouvé. Mais le remords prenait le dessus, et l'Allemagne, l'Autriche, la Prusse tournaient leurs espérances vers le Nord. Prévention funeste à l'Europe, parce qu'elle était sans fondement; funeste à Nicolas, parce qu'elle l'a complétement aveuglé; honorable pour la France, parce qu'elle donnait une idée de sa puissance, et qu'elle devait tomber devant la modération de l'empereur. Le czar a volontairement renoncé à son rôle de grand modérateur; il l'a cédé à l'intrus monté sur le trône de France sans la permission de la Sainte-Alliance; et l'Europe, éclairée par les faits, changeant de front spontanément, a donné sa confiance à celui qui la sert le mieux; de sorte que jamais aucune inimitié ne fut aussi profitable, aussi honorable que celle que le czar portait à celui qui devait le combattre et lui succéder dans l'estime de toutes les nations. Cet événement, accompli sans efforts, sans intrigues, sans capitulations de conscience, est le dernier coup porté à l'influence de la Russie et, nous pouvons le dire, il est encore un nouveau symptôme de sa décadence.

CHAPITRE XVII.

DES REVERS DE LA TURQUIE ET DES GLOIRES MOSCOVITES.

Il est temps de s'occuper d'une idée qui donne aux Russes une force réelle, ajoutée à celle fort exagérée qu'ils ont d'eux-mêmes. Cette idée a pris naissance dans les revers que les Turcs ont essuyés dans la campagne de 1829, où ils furent battus par suite de la négligence ou de l'impéritie de ceux qui les commandaient, bien plus que par la valeur des Russes, car ils triomphèrent presque sans combat. La Russie a incontestablement une très-belle garde impériale; elle est bien pourvue, bien équipée, mais elle a besoin de s'aguerrir, et le reste encore plus. L'armée russe n'aura pas affaire aujourd'hui à des officiers disposés à fuir, à des soldats prêts à les suivre dans leur défection; toutes les luttes seront soutenues avec une grande prudence, toutes seront sérieuses. Omer-Pacha ne livrera pas de grandes batailles ou les masses de la Russie pourraient l'envelopper; il a deux alliées plus puissantes que la France et l'Angleterre, la disette et la fièvre, il en saura tirer parti.

Les Russes ont prouvé, à Friedland, à Austerlitz, combien ils sont bons soldats; ils le prouveront encore, sans aucun doute, mais ils ne le prouveront pas au même degré, par la raison que, depuis quarante ans de paix, ils ont nécessairement perdu beaucoup de cette opiniâtreté qui les soutint dans les deux grandes campagnes dont nous venons de parler. Ils ont surtout perdu cette confiance que leur inspirait la faiblesse des Turcs, qui cependant avaient prouvé, en 1828, combien ils sont redoutables quand ils veulent l'être. — Ils vont avoir cette année des obstacles qu'ils n'ont jamais rencontrés : les flottes anglo-françaises qui garantissent la Turquie de tout danger par mer, les armées de la France et de l'Angleterre combattant pour la Turquie de leurs épées, de leur exemple, et la loyauté, la justice de leur cause, épousée par les grandes puissances de l'Europe. Il y a là de quoi allumer, de quoi entretenir le feu sacré. Les Russes, au contraire, bientôt instruits des ruses employées pour exciter leur ardeur, avertis des dangers qu'ils vont courir, non-seulement se livreront au découragement d'une guerre stérile, mais seront affaiblis par des défections parmi ces peuples assujettis au knout, et toujours avides d'indépendance.—Leur instinct les porte ordinairement vers la force et vers la victoire. C'est là le côté faible de la Russie, c'est de là que sortira l'imprévu, qui presque toujours décide du sort des campagnes les mieux combinées et des champs de batailles les mieux étudiés.

Ainsi les terreurs inspirées par les évènements qui se

préparent n'ont rien de fondé. — Mais, dit-on, votre sécurité ne l'est pas davantage. Il faut faire entrer en ligne de compte l'indomptable opiniâtreté du gouvernement russe qui ne cèdera rien tant qu'on ne lui aura pas fait les concessions qu'il demande. Victorieux, il deviendra plus exigeant; vaincu, il sera plus opiniâtre.

Cela peut être bon à dire à la bourse, au coin du feu, mais ne peut soutenir un examen sérieux. — Lorsqu'un chef d'Etat, un général, a l'espoir d'arriver au but qu'il se proposait en prenant les armes, il peut dire : Je ne cèderai pas tant qu'il me restera un fusil et un soldat; je combattrai jusqu'à la mort.... On croit par là donner l'idée d'une grande résolution, mais il est en politique des circonstances et des nécessités qui dominent les plus opiniâtres volontés. Je ne veux pas chercher mes preuves en dehors de mon sujet, elles ne paraîtraient pas assez concluantes.

C'est au czar Pierre-le-Grand, c'est à l'histoire de Russie, que je les demande; or, voici ce que je trouve dans cette histoire : Le vainqueur de Charles XII était sans contredit un homme d'un grand caractère; l'honneur lui était probablement aussi cher qu'à son successeur, le czar Nicolas ; il fit la guerre aux Turcs avec un très-grand succès; il était homme de ressources, il n'oubliait rien pour arriver à son but; il était secondé par une excellente armée, et cependant, il advint, un jour, que ces Turcs, prenant les armes pour l'arrêter dans ses conquêtes, le cernèrent, sur les bords du Pruth, si bien, qu'il ne dut la vie qu'à l'entier abandon de tous ses établissements sur la mer Noire, à la restitution du port d'Azof qu'il y avait conquis, et, — ce qui est plus remarquable encore, au serment qu'il fit de retirer de suite et pour toujours toutes les troupes qu'il avait en Pologne. Il jura même que les Russes ne s'ingèreraient en aucun temps dans les affaires de cette république, à la conservation de laquelle la Turquie avait le plus grand intérêt.

Notons ceci et rapprochons-nous de notre époque.

Personne ne croit assurément que lorsque Alexandre Ier forma sa magnifique armée de 1807, et lorsqu'il se présenta devant Friedland, son but ait été de concourir à l'élévation de Napoléon, de se plier au système continental si désastreux pour ses peuples, de sanctionner l'abaissement, le démembrement de la Prusse, et c'est cependant ce qu'il fit par le traité de Tilsitt, qu'il signa après avoir donné à l'usurpateur français des témoignages d'admiration et même d'amitié.

Le désastre de Friedland avait changé toutes ses vues.

Qui sait si les conséquences du passage du Danube, en 1854, ne feront pas le même effet sur l'esprit indomptable du czar Nicolas? Le comble de l'infortune pour les Russes serait d'être battus par les Ottomans ; ils y touchent. Nous arrivons au moment solennel où le destin d'un empire peut dépendre d'une faute d'un général russe ou d'une habile direction donnée au courage ottoman. L'imprudence du czar, dans cette lutte sans objet important pour la Russie, a quelque chose de fatal. Elle ne relevera pas seulement l'esprit militaire des Turcs, depuis longtemps affaibli par la mollesse asiatique, et trop souvent méconnu par des chefs sans honneur ou sans patriotisme, elle donnera aux principes civilisateurs une impulsion souveraine, et aux opérations commerciales, une étendue, une activité qu'elles n'ont jamais eues.

C'est donc au milieu des ruines de la guerre, des perplexités du commerce et de l'industrie que le czar va chercher la restauration des Lieux-Saints. Quelle compensation à tant de malheurs et de sacrifices, à tant de sang versé, à tant de morts, à tant de haines et de malédictions partant depuis un an de tous les points du monde ! Non, les dangers de cette guerre impie ne sont ni pour la France, ni pour l'Angleterre, ni pour la Turquie ; il y a dans leur triple alliance une force devant laquelle viendront se briser tous les efforts de la Russie ; le czar, aveuglé par son orgueil blessé, par ses ressentiments, ne comprend plus le danger de la position qu'il s'est faite ; mais il ne s'abusait pas autant, lorsqu'à l'aide de toutes les perfidies, de toutes les subtilités diplomatiques, il s'évertuait à chercher des alliés qui voulussent partager la complicité d'un attentat médité depuis si longtemps. Il sentait qu'il n'était pas assez fort pour accomplir son acte d'iniquité avec le concours de la Prusse et de l'Autriche, il lui fallait encore celui de la France ou de l'Angleterre. C'était alors sainement apprécier sa force et son droit, et maintenant que tout lui manque, il pourrait triompher !... c'est en vérité de la folie ; nous espérons le démontrer dans notre troisième livre sur l'état actuel de la Turquie et dans le quatrième consacré à l'examen des forces réelles de la Russie.

LIVRE III.

DE LA TURQUIE EN GÉNÉRAL.

Les Turcs, qui occupent, de notre temps, le plus beau et le plus riche pays de l'univers, sont encore sous le coup de la réprobation que méritèrent leurs ancêtres par l'abus qu'ils firent de la force, par les dévastations qu'ils commirent, et surtout par leur haine du christianisme, tellement atroce, que l'un d'eux fit vœu de ne pas tourner la tête vers l'Occident tant que le dernier chrétien n'aurait pas été foulé sous les pieds de son cheval. Les chrétiens, élevés, entretenus dans des sentiments d'horreur contre de tels ennemis de leur religion, ne font pas encore aujourd'hui une grande différence entre les Turcs du temps des janissaires et ceux du sultan Abdul-Medjid ; il y en a cependant une énorme. — Il ne nous serait pas difficile d'établir que les Turcs, singulièrement déchus sous le rapport militaire, reprennent une position qui les rapproche assez des autres nations pour qu'ils puissent compter parmi les peuples progressifs, autant et plus que les dix-neuf vingtièmes des peuplades soumises à l'action à la fois civilisatrice et abrutissante de la Russie.

Sous le rapport du climat et du sol, l'avantage est incontestablement pour la Turquie ; cela est si clair, que toute démonstration serait superflue ; mais il faut, en quelques mots, constater que cet empire ottoman, que l'on croit réduit à peu de chose, est encore une des plus belles monarchies de l'Europe, puisqu'elle s'étend, sans y comprendre l'Égypte et les États de Tripoli et de Tunis, sur 28,500 milles géographiques, dont 8,000 appartiennent à l'Europe, c'est-à-dire que son territoire européen est plus grand que ceux de l'Angleterre, de la Prusse et de la Confédération germanique ; et il ne faut pas perdre de vue que ses possessions d'Asie et d'Afrique ne sont pas, comme celles de la Russie et de l'Angleterre, à d'énormes distances de l'Europe centrale, et qu'au contraire elles s'étendent sur la Méditerranée et sur la mer Noire, de manière à faire dominer sa force militaire et maritime plus facilement, plus promptement que toutes les autres nations de l'Europe.

Elle entretient sur pied deux cent soixante mille hommes ; elle est conséquemment, sous le rapport militaire, la quatrième puissance continentale, et, sans les usurpations de la Russie, elle en serait la seconde, numériquement parlant, même en ne comprenant point le territoire asiatique et les possessions africaines qui ont plus de quatre fois l'étendue de son territoire européen, et qui lui garantissent le littoral le plus riche qu'il y ait au monde, il suffit que la Turquie veuille secouer son apathie et se livrer plus assidûment au commerce et à la navigation.

Au point de vue de la civilisation, la Turquie a contre elle ses préjugés religieux qui semblent l'arrêter dans son essor; mais elle a pour elle les souvenirs de la Macédoine, où naquit Alexandre-le-Grand, ceux de la Grèce, ceux de l'Égypte qui doivent donner au principe civilisateur un développement inattendu, aussitôt que le gouvernement ottoman, affranchi des menaces perpétuelles de la Russie, pourra continuer l'œuvre si bien commencée par Sélim, par Mahmoud, et si bien comprise par le généreux Abdul-Medjid et par Rechid-Pacha, son premier ministre, homme de génie et de caractère, digne de s'associer aux heureux desseins du sultan.

Elle a pour elle aussi l'espérance bien fondée d'augmenter singulièrement sa force, en faisant disparaître les causes d'irritation entre ses sujets chrétiens et musulmans, grande réforme qui donnera au sultan l'affection des chrétiens que depuis des siècles les Turcs considéraient comme des ennemis. L'Europe occidentale, en préparant cette réforme, en déterminant le gouvernement ottoman à l'adopter, a fait, même pour les chrétiens de Russie, beaucoup plus que ne pouvaient obtenir les menaces du czar, puisqu'elle arrive à faire cesser les inimitiés des Turcs, à faire rejeter les principes d'inégalités qui étaient inhérents à l'ancien gouvernement, et, par conséquent, à rendre parfaitement inutiles les moyens de protection que réclamait la Russie. — Cela est heureux pour tout le monde; car cette protection, entre les mains d'un homme comme le czar Nicolas, qui n'a d'autre loi que sa volonté, eût été une source de difficultés sans cesse renaissantes et de prétextes à de nouvelles agressions.

La sagesse des gouvernements de France et d'Angleterre a su aussi, sans humilier un souverain jaloux de son pouvoir, obtenir de sa justice éclairée l'égalité des droits pour tous, et cela par un acte émanant de lui seul, au lieu d'un acte imposé par une victoire ou par la violence, comme cela n'est arrivé que trop souvent. Que grâce soit donc rendue à cette entente merveilleuse d'où renaîtra la paix du monde.

C'est, à proprement parler, de Selim III que commencèrent les réformes de la Turquie, et la première de toutes (celle de l'organisation de son armée à l'européenne, à l'aide d'officiers français); Selim, sans les attaques de la Russie, arrivait à son but. Le succès qu'il avait obtenu contre la flotte de l'Angleterre, menaçant Constantinople, avait doublé son ardeur; mais une conspiration, entre Moustapha, le moufti et le caïmakan, amena le soulèvement du peuple et des janissaires : il fut déposé et paya de sa vie le bien qu'il avait fait pour relever un empire en pleine décadence. C'est ainsi que ce malheureux pays fut constamment à la discrétion de la Russie qui, probablement, fomentait les insurrections et se trouvait toujours prête à en profiter. Nous disons probablement faute de preuve, mais ce qui se passe en Grèce ne permet guère de doutes sur ce qui se passait en Turquie.

Selim III était bon, généreux, d'un courage à toute épreuve; il l'a prouvé en suivant en personne les mesures que le général Sébastiani, ambassadeur de France, lui indiquait pour résister aux flottes de l'Angleterre, et en réduisant ainsi ces flottes à l'impuissance. Il était instruit, laborieux; sa principale pensée était de propager dans ses États les usages de l'Europe; il croyait, avec raison, que c'était le seul moyen qu'il eût de développer leur prospérité, en dépit des efforts que ne cessait de faire la Russie pour paralyser ses projets.

Mahmoud fut un autre homme : fier, dur, impénétrable en ses desseins, il les poursuivait sans relâche; il avait les qualités qui naissaient de ses défauts, une volonté ferme, une puissance d'exécution indomptable. Il résolut, il prépara lui-même la destruction des janissaires, troupe ignorante et sanguinaire qui s'arrogeait le droit de détrôner les sultans, et il réussit. Il fit en cela autant qu'avait fait Pierre de Russie en détruisant les strélitzs. Après cette victoire importante, il se montra tel que devait être le chef d'un grand empire. Il résista tant qu'il le put quand les puissances de l'Europe lui arrachèrent la Grèce, quand, par un inconcevable oubli de toute justice, l'Angleterre et la France, unies à la Russie, commirent l'attentat de Navarin, qui sera, dans la postérité, considéré comme un acte de vandalisme, exécuté au nom de la civilisation. — Peut-on s'étonner qu'après de tels actes, le gouvernement turc soit réservé, craintif même, à l'égard des chrétiens et qu'il ne se décide à leur faire des concessions qu'en prenant toutes ses garanties?

Abdul-Medjid, son fils, lui succéda en 1839, à l'âge de seize ans. La position était difficile, mais elle était belle pour une belle âme. Seize ans, pour un prince entouré de bons conseillers, quel âge est plus heureux, c'est celui des illusions et de la générosité. Le jeune sultan, doué d'un coup d'œil rapide et d'une exquise lucidité d'esprit, comprit son rôle et se promit de le remplir avec résolution. Les obstacles qu'avait éprouvés son père ne l'arrêtèrent pas; au contraire, il considéra comme un hommage à sa mémoire, à son grand caractère, à sa sagesse, tout ce qu'il ferait pour affermir les réformes opérées par lui et en recueillir les avantages. On peut dire sans flatterie qu'il débuta par un acte qui aurait suffi pour honorer le règne d'un politique consommé; lorsqu'il publia, aux applaudissements de l'Europe et au grand déplaisir de la Russie, le hatti-scherif de Gulhané, que l'opinion publique a qualifié de Charte ottomane. Il fit plus encore, il le suivit, il le développa par d'autres actes, qui prouvent en lui un esprit de suite, dont peu de souverains ont donné l'exemple. — Le sultan possède donc les éminentes qualités d'un réformateur prudent et sage, unies à la patience qui sait préparer, en tout temps, et n'agir qu'en temps opportun. Abdul-Medjid ne s'arrêtera pas là. Les sacrifices qui lui seront imposés par la guerre, malgré ceux faits par ses alliés, rendront nécessaires des réformes financières qui s'accompliront d'autant plus facilement, que tous les sujets de la Porte voient bien maintenant que les vues de la Russie se portent fort au-delà de la prétention d'influencer la Turquie, en ce qui touche les lieux-saints. La lumière se fait de toutes parts. Elle pénètre jusque dans les chaumières, et il n'est plus un seul ottoman qui ne sache que la Russie veut démembrer la Turquie ou l'avilir à tel point qu'elle ne soit plus entre ses mains qu'un instrument docile aux volontés des czars et qu'ils pourraient à leur gré opposer à toutes les nations de l'Europe. La Russie, en effet, passe avec une inconcevable présomption de l'idée de détruire l'empire ottoman à celle de le conserver sans force et sans ressources. De tous les documents produits contre cette puissance astucieuse, il n'en est pas qui prouve mieux cette intention qu'une lettre du chancelier comte de Nesselrode, parfaitement instruit des projets de l'autocrate, soit qu'il les inspire ou qu'il en soit inspiré.

Cette lettre permet de supposer que le duc Constantin n'avait renoncé à la couronne d'Alexandre que parce qu'on lui avait promis celle de Constantinople; que, comptant sur la campagne de 1829, pour en être mis en possession, il a manifesté son mécontentement au chancelier, n'osant s'adresser au czar qui aurait pu lui faire payer cher un trait d'une aussi grande audace; que le chancelier aurait alors adressé au grand-duc désappointé les consolations suivantes, qui, du reste, recèlent encore plus de mensonges que de vérités.

« Il dépendait de nos armées de marcher sur Constantinople et de renverser l'empire ottoman. Nulle puissance ne s'y fût opposée, nul danger immédiat ne nous eût menacé, si nous avions porté le dernier coup à la monarchie ottomane en Europe.

« Mais l'empereur est d'avis que nos intérêts politiques et commerciaux s'arrangeront bien mieux de voir cette monarchie réduite à exister désormais sous la protection de la Russie, et à ne plus prêter, dans l'avenir, l'oreille qu'à nos vœux ; que de toute combinaison qui nous eût contraints, soit à trop étendre nos domaines par la conquête, soit à substituer à l'empire ottoman des États qui auraient bientôt rivalisé avec nous de puissance, de civilisation, d'industrie et de richesse.

« C'est d'après cette manière de voir de S. M. I., que se déterminent actuellement nos relations avec le Divan. C'est parce que nous n'avons pas voulu le renversement de l'empire ottoman, que nous cherchons les moyens de le maintenir *dans son état actuel*. C'est parce que ce gouvernement ne peut nous être utile que par sa déférence, que nous exigeons de lui l'observation consciencieuse de ses obligations, et *le prompt accomplissement de tous nos vœux.* »

Il est possible qu'en effet, grâce aux moyens de corruption et de désorganisation de l'armée ottomane, la Russie ait été tentée d'arriver à Constantinople, et que, comptant sur l'amitié de la Prusse et de l'Autriche, comptant sur la froideur qu'elle s'efforçait d'entretenir entre la France et l'Angleterre qu'elle croyait favorable à ses intérêts, elle eût fait des ouvertures en ce sens au grand-duc Constantin ; mais elle s'aperçut bien, en arrivant à Andrinople, que son armée n'était pas en état d'aller plus loin. — Telle est là la véritable cause de sa modération. Le vieux chancelier ne pouvait en convenir avec le vice-roi de Pologne, qui en aurait rougi. C'est pour cela qu'il lui tint un pareil langage. Les raisons qu'il donne ne sont, d'ailleurs, que celles qu'aurait données Pierre-le-Grand lui-même; car sa politique était aussi d'anéantir, par le mépris, la puissance ottomane, déjà déchue de son temps, et d'**approcher le plus près possible de Constantinople pour en préparer la conquête.**

Les desseins de Pierre Ier sont, pour ses successeurs, un point d'études constantes et invariables; tout ce que contiennent les correspondances secrètes du czar Nicolas ne nous apprend rien de plus que l'article 11 du testament de Pierre Ier, où il recommande d'intéresser la maison d'Autriche à chasser les Turcs de l'Europe, et de neutraliser ses jalousies *lors de la conquête de Constantinople,* soit en lui suscitant une guerre avec l'un de ses voisins, soit en lui donnant une portion de la conquête, *qu'on lui reprendrait plus tard.*

Ces documents, qui viennent de toutes parts pour confondre le gouvernement russe, donnent au sultan de nouveaux alliés, intéressés autant que lui-même au succès des réformes qu'il effectue. L'Autriche notamment, qui en raison de son voisinage du Danube et de la mer Noire, a des intérêts bien plus conformes à ceux de la Porte qu'à ceux de la Russie, applaudit aux efforts de la Turquie, et l'aiderait au besoin à résister aux prétentions de la Russie. Cette dernière puissance est naturellement, on pourrait dire forcément, l'ennemie des deux autres, tandis que l'Autriche et la Turquie, en s'entendant bien, pourront toujours arrêter les envahissements de la Russie. Le rétablissement de la puissance ottomane importe donc encore plus à l'Autriche qu'à la France et à l'Angleterre. C'est là une vérité qu'elle finira par comprendre dès que le nuage que la peur étend sur ses yeux sera dissipé. Chaque jour fournit de nouveaux arguments contre la Russie. L'insurrection de la Grèce contre la Turquie en est un qui doit profondément irriter l'Autriche; en raison des dangers de l'exemple qu'elle donne à ses peuples hongrois et lombards, chez lesquels se manifeste cette sourde fermentation qui prélude à l'état de guerre entre le despotisme et la liberté. Il y a là un danger permanent pour les couronnes de Prusse et d'Autriche; car ces deux puissances ne sont pas comme le serait la Russie, en mesure d'écraser la révolte après l'avoir excitée. Telle est du moins la pensée du czar et très-probablement celle de l'Allemagne. Elle explique très-bien l'extrême prudence de l'Autriche et l'extrême ardeur de la Russie.

CHAPITRE Ier.

DU POUVOIR POLITIQUE EN TURQUIE.

Autant nos écrivains sous Louis XV se sont efforcés d'élever le gouvernement russe au-dessus de tous les autres, autant ils se sont attachés à ravaler la Turquie, qu'on traita toujours en pays barbare, parce qu'on s'obstinait à présenter des exceptions pour des règles, des abus pour des lois. Nous ne voulons relever aucune des erreurs commises à cet égard depuis des siècles, la meilleure réponse aux détracteurs passionnés de la Turquie, sera l'exposé de ce qu'elle a fait pour se relever de l'état de faiblesse dans lequel ces abus et ce mépris des règles l'avaient entraînée.

Il est incontestable que le pouvoir politique est tout entier dans la main du sultan; qu'il arrive des circonstances où les pouvoirs intermédiaires qui le balancent sont tellement dominés que le sultan devient maître absolu, mais cela n'est point inhérent aux institutions du pays. Quand le sultan oublie ses devoirs, il est dans la position que se sont faite Louis XIV, Frédéric et Pierre-le-Grand, et il en sort toujours moins heureusement que ces despotes glorieux.

D'après l'institution religieuse et politique du Coran, le pouvoir politique émanait de l'élection nationale, selon ces paroles du Prophète : « Mes disciples réunis en assemblée ne sauraient faire un mauvais choix. » Mahomet n'avait pas voulu de l'hérédité du pouvoir ; il pensait que la domination suprême est à Dieu, et que l'autorité qui la représente dans l'empire ottoman est au plus sage et au plus vaillant. — Qu'y a-t-il donc là de si étrange ? est-ce qu'en réalité il n'en est pas toujours ainsi ? est-ce qu'en France même, tel n'a pas toujours été *le fait* en dépit du droit héréditaire ? — La seule différence qu'il y ait entre ce que voulait le Coran et le fait dont nous venons de parler, c'est qu'en Turquie le fait se prononça quelquefois pour le plus dur, le plus audacieux, le plus barbare, et que chez les nations occidentales, ce fut souvent pour le plus fin, le plus corrompu, le plus habile ; or, ces derniers ont fait plus de mal encore que le sabre ou le lacet ottoman.

Selon le Coran, selon les décrets rendus par les sultans en exécution du Coran dont ils ont la garde, le pouvoir suprême n'est donc absolu — qu'au risque et péril de celui qui l'exerce. Il sait, en se livrant à des excès, qu'ils peuvent motiver sa déposition et même sa mort ; il sait que des soixante-douze califes qui régnèrent avant les Ottomans, vingt-six périrent par le fer ou le poison, et que des sultans qui l'ont précédé dans l'exercice du pouvoir, beaucoup sont tombés du trône de Mahomet comme exemples et comme preuves de la mobilité des passions humaines.

Le vrai gouvernement, en Turquie, n'est donc pas absolu comme en Russie, où le maître est tout et le reste rien ; c'est le gouvernement d'un seul sous l'empire de la loi de tous, c'est-à-dire sous la loi du Coran, à laquelle il doit obéissance dans tout ce qu'elle prescrit, non pas telle qu'il l'entend, mais telle que l'entendent les conseils et autorités constitués pour l'expliquer et la faire exécuter en son nom.

Plus on examine avec impartialité les règles du gouvernement turc, plus on reconnaît qu'elles contiennent les garanties qui se trouvent dans les gouvernements les mieux établis. Ainsi le principe *si non, non,* des libertés espagnoles, le principe de la liberté nationale, si chaudement soutenu en Angleterre, celui de la souveraineté du peuple et de l'égalité qui régit la France depuis soixante ans, se trouvent écrits dans ces mots du Prophète :

Résiste à la violation de la loi.

Il faut donc tenir pour constant que le pouvoir politique est essentiellement légal, c'est-à-dire que le sultan a le droit de faire seul tout ce qu'il juge conforme à la loi du Coran, tout ce qu'il croit conforme à l'intérêt national, et que, conséquemment, lorsqu'il porte des restrictions à ce droit, ces restrictions ont un caractère de légalité, et que, conséquemment encore, les peuples sont tenus de s'y conformer. Ce devoir, dérivant de la loi ou de celui qui a le droit de l'interpréter, donne aux sultans une force que n'a aucun souverain dans les monarchies européennes, maintenant que tous les trônes sont ébranlés par les abus du pouvoir et par l'amour de la liberté, qui couve sous l'oppression et qui tient en échec toutes les tyrannies.

Aucun gouvernement n'a, au temps où nous vivons, pour appui, pour base de son pouvoir, une loi religieuse respectée, suivie, comme l'est en Turquie le Coran.

On dit que c'est la cause de sa décadence, il serait plus juste de dire que c'est son meilleur soutien. La force a épuisé, dépeuplé l'empire, la guerre l'a souvent mis à deux doigts de sa perte, le Coran est toujours resté debout, assez fort pour soutenir le pouvoir, assez respecté pour contenir la nation, quoique divisée sur les principes religieux. La faiblesse de la Turquie n'est donc pas dérivée du Coran, — mais de ceux qui le méprisent. Des Grecs, en un mot, tantôt sollicités, aigris par un esprit inquiet, tantôt soudoyés par l'étranger, tantôt surexcités par les avanies des autorités subalternes de la Turquie; et ce danger perpétuel d'une partie notable de la population en hostilité contre le gouvernement, est précisément ce qui prouve combien il a de force et de vitalité.

Que dirait-on d'un logicien qui, pour prouver en ce moment la faiblesse de la France, irait chercher ses preuves sous le gouvernement de Louis XV ou sous le Directoire exécutif? On le traiterait d'insensé. Telle est cependant l'argumentation de ceux qui jugent la Turquie actuelle sur les abus d'un gouvernement qui n'est plus.

Le principe du pouvoir absolu est, pour les Ottomans, un principe inné, immuable, mais à une condition, c'est que l'administration sera conforme au Coran.

Il ne faut qu'une sonnette pour un convoi de chameaux.

Cet adage populaire exprime parfaitement l'opinion générale des sectateurs de Mahomet.

Mais aucun musulman ne dirait qu'il ne faut qu'un seul conducteur; libre à chacun de régler les détails comme il l'entend, pourvu que l'unité soit conservée dans la direction de la caravane. Personne, en Turquie, ne songe donc à changer la forme du pouvoir politique; les hommes élevés, les classes inférieures sont d'accord; les premiers, pour déterminer par des règles fixes les maximes qu'on peut tirer du Coran; les seconds, pour s'y soumettre comme au Coran lui-même. Les populations turques ont, à cet égard, un grand avantage sur toutes les autres; elles croient en Dieu, et tout ce qui réussit dans l'intérêt du peuple, est, suivant elles, une preuve certaine de la protection de Dieu.

CHAPITRE II.

ORGANISATION INTÉRIEURE DU GOUVERNEMENT OTTOMAN.

Le plus grand des malheurs du gouvernement turc est de n'être pas assez connu de l'Europe, et d'être toujours apprécié sous l'empire des anciens préjugés. Si la réforme de Mahamoud avait cinquante ans de pratique, l'organisation ottomane serait considérée comme une des meilleures de l'Europe, et l'une des plus solides, car il y a en Turquie, comme en France, un conseil d'État, un conseil de guerre, un conseil de marine, un conseil des travaux publics, un conseil des mines, un conseil de police, un conseil d'instruction publique.

Il y a, pour les finances, des receveurs et des payeurs généraux; pour l'administration de la justice, une haute cour formant deux chambres, l'une de Roumélie, c'est-à-dire pour toute la Turquie d'Europe, l'autre d'Anatolie, pour la Turquie asiatique. Cette cour juge en dernier ressort. Au-dessous de la haute-cour, vingt-quatre tribunaux d'appel, à la tête desquels est placé un *grand-*

juge, et, enfin, au-dessous de ces derniers, des tribunaux ordinaires, jugeant les affaires civiles, correctionnelles et commerciales, et enfin des tribunaux inférieurs, qui remplissent les mêmes fonctions que nos juges de paix.

Telle était la situation intérieure de la Turquie, lorsqu'en 1840 parut une loi pénale, qui renouvela la déclaration d'égalité de tous les sujets de l'empire ottoman, et prononça les peines que les juges seuls peuvent appliquer. Nous ne pouvons point rapporter en entier ce firman, cependant bien fait pour détruire la prévention; mais il est deux articles qui sont si concluants, qu'il est indispensable de les analyser. Le premier porte avec lui une sanction d'une grande énergie.

« Il n'est permis à aucun employé de l'empire de faire périr un individu quel qu'il soit; un vizir même ne pourra en agir ainsi à l'égard d'un berger; et, en cas d'infraction, *il sera lui-même puni de mort.*

L'article 5 pourvoit également à un besoin vivement senti dans l'intérêt de l'État d'abord, mais aussi dans celui des Ottomans; il veut que les fonctionnaires de l'empire étant suffisamment rétribués par le gouvernement, tous actes de concussion, de leur part, soient punis de trois ans de bagne, outre le retrait de l'emploi.

C'est à tort, sans doute, qu'on a donné à un pareil règlement le titre de Code, qu'il ne mérite sous aucun rapport; mais le sultan ne s'en tiendra pas là. D'autres règlements surviendront au fur et à mesure qu'on reconnaîtra les avantages des premiers mis en pratique. L'essentiel était d'entrer dans cette voie de garantie et d'égalité pour tous, et de constituer des juges chargés de frapper,—sans pouvoir le faire arbitrairement. Quel gouvernement de l'Europe est à cet égard au-dessus de la Turquie?

L'organisation turque contient même une institution judiciaire plus libérale qu'elle ne l'est en France, en Angleterre, et que partout ailleurs; le ministère public y est fondé dans l'intérêt du peuple plus que dans celui du pouvoir, et les fonctions en sont remplies par un *mufti* élu par la province.

D'autres améliorations ont encore été effectuées pour donner le mouvement et l'application aux grandes mesures adoptées avant 1846, pour fixer définitivement, pour les fonctionnaires de l'empire, les limites de leurs pouvoirs et l'étendue de leurs devoirs, tant à l'égard du gouvernement que vis-à-vis les sujets du sultan et vis-à-vis les étrangers. Les ordonnances publiées à cet effet, sont divisées en trois classes : sur l'administration en général, sur les fonctionnaires chargés de la perception des finances, sur la police générale. — Ces dispositions sont peut-être trop multipliées, peut-être mal classées, mais elles existent; elles ont été reçues sans protestations contraires, et si l'exécution n'en est pas encore complétement satisfaisante, elle ne constate pas moins une tendance, un grand progrès, qui doivent avoir de très-heureuses conséquences.

Ainsi l'administration, la justice, les finances, les travaux publics ont été améliorés graduellement, sans secousses, sans sacrifices imposés; les réformes marchent lentement, mais elles ne cessent pas de marcher et de pénétrer dans les mœurs, précisément parce qu'elles se succèdent avec calme, et parce qu'on sait, en outre, que le sultan une fois entré dans la voie progressive ne veut plus en sortir.

Quant à l'organisation militaire, elle est à peu près la même que partout, sauf l'instruction des troupes qui n'est pas encore arrivée au point où il est tant à désirer qu'elle parvienne. La Turquie peut conserver sa division en *camps* ou corps d'armée, ses subdivisions, ses quartiers généraux de Scutari, Constantinople, Monastir, Kharbrout, Damas et Baghdad. Elle peut continuer d'avoir, indépendamment de ces grands corps, des *ordou* détachés, mais elle doit immédiatement réformer tous les abus qui entraînent l'indiscipline; établir sur tous les points de l'empire des écoles de manœuvre et d'instruction pour l'infanterie, la cavalerie, la marine et l'artillerie. Elle le sait, et ce principal élément de force des empires modernes est l'objet des préoccupations du gouvernement ottoman et des prédilections du sultan, qui attire à lui des officiers instructeurs de France et d'Allemagne, à l'aide desquels il a formé déjà une des plus belles armées que la Turquie ait jamais possédées.

Le sultan en voit les avantages, ses populations les comprennent enfin, comme en Égypte, comme en Algérie et comme dans toutes les possessions anglaises, où les troupes organisées à l'européenne, quoique composées des mêmes hommes que les troupes asiatiques, l'emportent toujours, malgré leur infériorité numérique, par la seule force de la tactique et de la discipline.

CHAPITRE III.

DE LA JUSTICE ET DU POUVOIR JUDICIAIRE EN TURQUIE.

§ 1ᵉʳ. — DE LA JUSTICE.

Il y a plus de trente ans que, par une suite d'articles d'un éminent publiciste, insérés dans un ouvrage périodique (*la Thémis*), on établit de la manière la plus positive que la justice ordinaire est administrée en Turquie à peu près comme dans toutes les nations et infiniment mieux qu'en Russie. Dès cette époque, on reconnaissait que des modifications très-heureuses avaient été apportées, non pas au Coran, mais à la manière de l'entendre. Personne, à cette époque, ne doutait d'un grand progrès réalisé et de progrès nouveaux se préparant pour l'avenir.

C'est particulièrement en avril 1847, qu'une organisation à peu près complète émana de l'autorité souveraine du sultan. Il voulut marcher lentement et toujours. Il commença par les petits tribunaux et remonta jusqu'au grand conseil de justice, qui tient en Turquie la place qu'occupe en France la cour de cassation. Il y avait en cela une hiérarchie bien déterminée et des devoirs bien définis. Des essais furent faits dans plusieurs provinces, ils réussirent et les règlements ainsi éprouvés eurent force de loi, de proche en proche, de manière à s'étendre dans tout l'empire. L'institution n'a pas cessé de marcher et marche encore vers le degré de perfectibilité qu'il est donné aux hommes d'atteindre par un travail assidu et par les méditations des hommes de loi qui sont chargés de signaler les réformes à faire et les bonnes pratiques à conserver.

Il y a dans les grands centres de population, tels qu'Andrinople, Salonique, Smyrne et autres, des tribunaux mixtes, des conseils civils et correctionnels, des tribunaux de commerce, électifs par les légations étrangères au nombre de dix et par le sultan en nombre égal. Il y a même un conseil de commerce maritime, chargé de juger les différends qui s'élèvent entre les musulmans et les étrangers. Il semblera aux esprits justes qui méditeront sur une telle organisation, qu'elle se rapproche beaucoup des tribunaux en usage en Europe et qu'elle présente au moins autant de garanties.

Mais, nous dit-on, tout cela n'existe que sur le papier; c'est de la théorie, rien de plus. Un tel jugement est une erreur très-grave, car les firmans d'exécution tracent toujours les règles à suivre par les autorités ou par les particuliers. Il résulte de l'ensemble de ces firmans, une sorte de code de procédure civile, correctionnelle et criminelle, où les devoirs des juges sont déterminés selon l'ordre auquel ils appartiennent. Ils sont chargés d'enregistrer toutes les demandes judiciaires; — de recueillir les témoignages; — de faire prêter serment, selon le rite auquel appartiennent les témoins; — de ne rien cacher ni ajouter à la vérité; — de punir sévèrement ceux des témoins qui seraient parjures en faisant de fausses révélations, toutes les fois qu'elles auraient été légalement constatées; — d'interroger les témoins en présence de l'accusé, l'un après l'autre et séparément; — de recevoir les déclarations secondaires, s'il y en a, relatives à la véracité ou à la fausseté des dépositions des témoins principaux, après les avoir soumis au serment voulu d'après le rite qu'ils professent; — d'entendre, avec la même attention et sans la moindre distinction ou partialité, tant les dépositions contre l'accusé que les révélations en sa faveur; — de prendre toutes les mesures qui peuvent être jugées propres à mettre en évidence l'innocence ou la culpabilité de l'accusé; — de recevoir le témoignage qui pourrait être utile pour éclairer les faits poursuivis, de toute personne privée, sans exception et sans distinction de rang ou de nationalité;—d'obliger les personnes qui seraient appelées à déposer, tant pour la partie que pour l'accusé, à se présenter devant le tribunal; — de rejeter tous les aveux qui auraient été obtenus par des violences et des menaces, ou par des promesses, tout en admettant ceux qui auraient été faits volontairement; — de faire exécuter les sentences prononcées d'après les lois, sauf celles portant peine de mort, qui ne peuvent être exécutées qu'après la confirmation par le sultan.

Une seule chose manquait à cette série de bonnes dispositions, l'égalité devant la loi de tous les sujets du sultan, quelle que fût leur position sociale et leur culte. Elle ne s'est pas fait longtemps attendre. Rechid-Pacha, au nom du sultan, a, le 12 mars 1854, signé avec les ambassadeurs de France et d'Angleterre, une convention qui garantit l'émancipation de tous les chrétiens appartenant à la Porte Ottomane. — On se demande, après avoir lu ces actes, où sont les puissances qui ont accordé cette égalité si chère à tous les peuples avec plus de sagesse et de véritable générosité; et, si l'on se rappelle quelle différence il y avait en France entre les droits des catholiques et ceux des protestants, quelle différence en Angleterre entre l'église anglicane et l'église catholique d'Irlande, il faut s'incliner devant cette vérité que la Turquie marche aujourd'hui d'un pas plus ferme que n'ont fait la France et l'Angleterre.

§ 2. — DU POUVOIR JUDICIAIRE.

L'unité du pouvoir souverain a porté le sultan à ne composer les tribunaux civils de district que d'un seul juge et d'un greffier; — le juge peut se faire assister de deux assesseurs, mais il n'y est pas obligé; et dans ce cas, les assesseurs n'ont que voix consultative. La procédure est d'une grande simplicité et la décision est promptement exécutée. Dans ce cas encore, c'est un agent de l'État, qui peut au besoin requérir la force armée, qui surveille l'exécution de la sentence.

La justice criminelle se rend aussi avec une grande célérité par le tribunal de district, qui s'adjoint le gouverneur et les membres du conseil de la province. Ce tribunal entend les témoins en séance publique, interroge l'accusé, absout ou condamne souverainement quand il s'agit des peines ordinaires. Mais, chose remarquable encore, quand il s'agit d'une condamnation à mort, la décision doit être examinée à nouveau par le conseil suprême de justice, et, si ce haut tribunal confirme la sentence, elle ne peut être également exécutée que lorsque le sultan a signé le jugement.

Le conseil suprême de justice connaît directement de tous les crimes politiques, ainsi que des malversations et des abus de pouvoir commis par les fonctionnaires. Les décisions rendues, en pareil cas, sont exécutées sans qu'il en soit référé au sultan, s'il n'y a pas peine de mort. Deux procès fameux ont, depuis 1841, fourni la preuve de la fermeté du sultan. L'un, dirigé contre Khosrew-Pacha, accusé de détournement des deniers publics, donna lieu à une condamnation au bannissement et au remboursement des sommes détournées. Khosrew, ancien grand-visir, fut en outre dégradé. Il est bien des royaumes de notre vieille Europe où des faits pareils et de plus graves même sont considérés comme des peccadilles et passés sous silence. Quant à la Russie orthodoxe, les Potemkin, les Orloff, en firent bien d'autres, et ne restèrent pas moins les favoris de Catherine-la-Grande.

On complète, en ce moment, dans plusieurs parties de l'empire ottoman, l'organisation de tribunaux mixtes de commerce et les conseils de police correctionnelle.

L'essai des premiers fut fait, en 1847, à Constantinople, et bientôt étendu à plusieurs provinces. Il y en a qui fonctionnent à Andrinople, à Salonique, à Smyrne, à

Beyrouth, en Égypte, et de nouveaux firmans les établiront dans d'autres provinces importantes, à mesure que les esprits éclairés sur les avantages de ces juridictions empruntées aux Européens seront préparés à les recevoir; ils deviendront probablement, en peu de temps, le type de toutes les autres institutions judiciaires qui devront être coordonnées dans l'ensemble des réformes que le sultan veut faire, à son heure, et avec le soin qu'il a pris, jusqu'à présent, de respecter les mœurs et les susceptibilités nationales et de combiner ses firmans avec les idées européennes applicables à son empire et avec les prescriptions de la loi suprême des mahométans.

Au sommet de l'organisation judiciaire se trouve le cheik-ul-Islam. C'est lui qui propose au vizir les candidats des juges de premier et second ordre, qui sont : le cazi-asker de Roumélie, celui d'Anatolie, le mollah de la Mecque, le grand-juge de Constantinople et les mollahs des quatre villes impériales Andrinople, Brousse, le Caire et Beyrouth.

Il nomme, sans l'intermédiaire du vizir, et sans prendre l'ordre du sultan, les juges de troisième ordre, ainsi que leurs greffiers.

Les cazi-asker de Roumélie et d'Anatolie nomment directement, sous la sanction du sultan, à tous les emplois de cadis vacants dans leurs gouvernements d'Europe et d'Asie.

Nous terminerons l'analyse de tous ces documents, par quelques mots qui prouvent que le Prophète a, du fond de l'Arabie, dicté des préceptes qui paraissent peu connus dans notre occident, puisqu'on les repousse avec tant de dédain et qu'on ne craint point de les appeler les rêves de Mahomet.

Voici le langage de ce sublime rêveur. Il devrait être gravé en lettres d'or au frontispice des palais de tous les ministres de la justice.

« Un homme qui n'a pas les qualités voulues pour la
« magistrature, ne doit pas y entrer, par la crainte du
« compte qu'il aura à rendre à Dieu.

« Dans aucun cas, un homme de loi ne doit solliciter
« un office de magistrat. »

Il est permis de se demander, en trouvant à chaque instant dans les institutions mahométanes des principes aussi délicats, si ceux qui traitent de barbares ces populations si pures et si naïves, ne sont pas les véritables barbares, et s'il serait juste que la Turquie restât plus longtemps victime de leur paresse et de leur ignorance.

CHAPITRE IV.

DE L'INDUSTRIE ET DU COMMERCE OTTOMAN.

Si les accusations de décadence qu'on porte contre la Turquie avaient pour base la diminution de l'industrie et du commerce, nous n'essaierions pas de combattre en sa faveur, car il n'est que trop vrai que l'industrie surtout est dans un état d'affaiblissement déplorable. A quoi cela tient-il? A plusieurs causes qu'on ne peut imputer à cette malheureuse nation, et la première de toutes est l'état de guerre perpétuel dans lequel elle est avec la Russie. Cette puissance fait tout pour entretenir des inquiétudes et le découragement dans les populations ottomanes. Ce système d'hostilité, tantôt publique, tantôt cachée, réussit à merveille à la Russie et il tend à la ruine complète de la Turquie. Il y aurait, en effet, beaucoup d'imprudence à fonder des établissements industriels et commerciaux dans un pays systématiquement attaqué aussitôt qu'il se livre à quelques améliorations.

S'il est un point sur lequel tout le monde soit d'accord, c'est qu'aucun état de l'univers n'est plus propre à devenir le centre de toutes les relations commerciales que la Turquie d'Europe.—Par son climat, par les mers qui la baignent, par les fleuves qui viennent apporter dans la mer Noire les produits de nations éloignées et lui payer le tribut qu'elle exige pour prix des services rendus, la Turquie est l'entrepôt général de l'Orient et Constantinople le port où devraient se donner rendez-vous les navires de commerce de toutes les nations occidentales. Les temps anciens témoignent assez des splendeurs commerciales de l'Orient, lorsque la navigation était encore dans l'enfance, pour qu'il soit aisé de prévoir tout ce qui pourrait ressusciter dans ces belles contrées, si elles revenaient à la civilisation.

L'industrie, autrefois florissante, a cessé de l'être précisément parce que les peuples qui l'exerçaient ont été séparés de ceux qui consommaient; parce que la conquête de l'Orient, par les barbares et par les Turcs, a détruit tous les éléments de prospérité; parce que les peuples de l'Occident, repoussés par des usages vexatoires, par des pirateries, des exactions, se sont avisés de faire eux-mêmes ces tissus, ces tapis justement vantés, qu'autrefois ils allaient chercher au Caire, à Smyrne, à Constantinople. Les procédés perfectionnés de tissage et de fabrication ayant permis de surpasser les produits orientaux, les populations sont maintenant réduites à la production des matières premières; mais si cet état de choses nuit à l'industrie de l'Orient, il ne nuit point au commerce général, il ne nuit point à la navigation, puisque l'Occident renvoie aux ports de l'Asie et de la Turquie d'Europe, en objets confectionnés, autant et plus qu'il n'en tirait autrefois.

Le gouvernement turc, contre lequel on s'élève avec tant de violence, parce qu'il a peu de défenseurs et peu d'amis s'occupant de repousser des attaques injustes, est cependant, quoi qu'on en dise, celui des gouvernements européens qui rançonne le moins et qui donne le plus de libertés aux nations occidentales; et ces libertés seraient encore plus étendues s'il n'était lui-même dominé, dans la mer Noire, par les forces supérieures de la Russie, qui veut, au contraire, en haine de toute liberté, appesantir son joug, ses droits, ses douanes sur les industries allemandes, en leur barrant le Danube, et sur toutes les autres industries, en leur fermant, si tel est son bon plaisir, les ports de la mer Noire et de la Méditerranée.

Un publiciste éclairé, qui habite depuis longtemps Constantinople, disait avec raison : « La bonne foi, le bon sens, la tolérance, l'hospitalité, ont, depuis longtemps, réalisé pour l'empire ottoman ce que les autres États de l'Europe cherchent à effectuer par des combinaisons politiques plus ou moins heureuses. Depuis que le trône des sultans s'est fixé à Constantinople, les prohibitions commerciales sont inconnues; ils ont ouvert tous les ports de leur empire au commerce, aux manufactures, aux produits territoriaux de l'Occident, où, pour mieux parler, de l'univers entier. — La liberté de commerce a régné sans limites, aussi large, aussi étendue qu'il était possible de l'imaginer. — Jamais le Divan n'a songé, sous aucun prétexte d'intérêt national, ou même de représailles, à restreindre cette faculté, qui a été et est encore aujourd'hui exercée, dans le sens le plus illimité, par toutes les nations qui désirent fournir à la consommation de ce vaste empire et prendre leur part des produits de son territoire. Là, chaque objet d'échange est admis et circule sans rencontrer d'autre obstacle que le paiement d'une partie infiniment petite de la valeur à l'administration des douanes. »

Ces faits sont parfaitement connus, non-seulement des navigateurs, des négociants, qui parcourent les ports de la Turquie, mais encore des maisons de commerce qui, de Londres, de Marseille, de Paris, de Lyon, d'Amsterdam, correspondent avec les négociants turcs, et l'on doit dire avec justice que s'il arrive quelquefois qu'il y ait des mécomptes, ils ne proviennent pas des négociants de la Turquie. Ils ont souvent le droit de se plaindre d'avoir été trompés, sans donner aux occidentaux celui de leur adresser des plaintes semblables. C'est chose assez regrettable, au point de vue de notre commerce d'abord, mais encore au point de vue de notre civilisation. On trouverait difficilement en France une bonne caution de la loyauté de nos relations commerciales avec les étrangers, nous ne disons pas seulement avec les Turcs, mais avec les commerçants du vieux continent, et surtout avec ceux des Amériques, tandis qu'on en trouverait à Paris, à Londres, pour les négociants turcs, tant l'idée de la bonne foi des musulmans est généralement accréditée; et la preuve que cette bonne opinion est fondée sur le caractère turc devient éclatante quand on la compare avec l'opinion qu'on a des Grecs qui habitent les mêmes contrées, mais n'en ont point adopté les mœurs. Nous ne nous étendrons pas davantage sur cette différence, parce qu'il s'agit ici bien moins des individus que du gouvernement ottoman. Nous désirons même que ce que nous venons de dire n'ait pas d'autre portée que celle de concourir à la démonstration de cette vérité : — *La Turquie est bien plus apte à la civilisation que la Russie*; elle a déjà en elle-même le germe de toutes les idées civilisatrices et n'a pas encore celui des corruptions qui en découlent.

Extrayons encore, à cet égard, quelques pensées du publiciste dont nous avons déjà parlé et dont nous avons plus d'une fois admiré le langage aussi éclairé que consciencieux. Il répond à cette pensée, souvent manifestée, que les Turcs ne sont que campés en Europe, que la guerre les y ayant amenés, la guerre doit les en chasser. On peut appeler cela de la phrase; ce n'est pas heureusement de la raison, car si la raison conduisait à de telles conséquences, toute l'Europe devrait s'attendre à des bouleversements politiques, à des morcellements de royaumes et d'empires, puisque tous ont été formés par la guerre, par l'usurpation, la corruption, ce qui est bien moins respectable que la grande conquête qui renverse les empires dégénérés pour en fonder de nouveaux.

Voici le passage qui nous a frappé et que nous recommandons à la sagacité de nos lecteurs : « On a souvent répété que les Turcs sont campés en Europe; ce n'est certainement pas leur conduite envers les étrangers qui a pu donner naissance à cette idée d'occupation précaire. L'hospitalité qu'ils offrent à leurs hôtes n'est pas celle de la tente, ce n'est pas, non plus, celle de la loi, car le code musulman, dans son double caractère civil et religieux, n'est pas applicable à ceux qui professent une autre foi que le mahométisme. — Les Turcs ont fait plus que tout cela : ils ont garanti à l'étranger la sauvegarde de ses propres lois, appliquées par des fonctionnaires de sa nation. Dans ce privilége, si fécond en conséquences bienfaisantes, se montre l'esprit de la noble et véritable hospitalité. En Turquie, et là seulement, l'hospitalité se présente sous un aspect grand, noble et digne d'elle-même ; ce n'est pas un abri pour un moment d'orage, mais c'est cette hospitalité qui, s'élevant elle-même de la simple bienveillance à la dignité d'une réception politique, embrasse l'avenir aussi bien que le présent. Lorsque l'étranger a mis le pied sur la terre du sultan, il est salué du nom d'hôte (*mussafir*). Aux enfants de l'Occident qui viennent se confier aux musulmans, l'hospitalité a été garantie avec ses deux compagnes, la liberté civile, suivant la loi du pays, et la liberté commerciale, suivant les lois de la nature et de la raison. »

Si de ces considérations morales nous passons aux faits, nous pourrons, à l'aide de documents presque officiels, fixer à peu près l'importance des relations commerciales avec les étrangers. En Turquie, comme partout, l'Angleterre occupe le premier rang, et ce qui est de nature à rabattre un peu de notre fol orgueil, l'Angleterre, venue après nous, a pris la place que nous occupions et effacé notre prépondérance. Nous étions parvenus à un état de supériorité en Turquie, tel qu'un firman du Grand Seigneur avait interdit à tous les bâtiments européens de se présenter dans les mers de Turquie sous un autre pavillon que celui de la France. Les choses sont bien changées; elles le seraient bien plus encore si Constantinople tombait jamais dans les mains de la Russie.

L'Angleterre donc doit sa suprématie commerciale non pas, comme on se plaît à le dire, aux malheurs qu'attirèrent sur nous nos révolutions, mais à des circonstances dont l'Angleterre a su tirer parti avec une grande habileté, et l'on peut compter qu'elle saura, dans la crise actuelle, en trouver de nouvelles qui l'indemniseront des sacrifices qu'elle s'impose. L'Angleterre fait peu de cas du donquichotisme politique; ce n'est pas elle, plus riche que nous, qui aurait dit après la bataille d'Isly : Je suis assez riche pour payer ma gloire. L'Angleterre, dont les importations en Turquie ne s'élevaient pas, en 1830, à 25 millions de francs, est parvenue à les élever à 58 millions depuis notre conquête de l'Algérie, et le mécontentement qu'éprouva le gouvernement turc de cette conquête absurde pour la France, est, sans contredit, une des causes de la haute faveur avec laquelle l'Angleterre est traitée par le gouvernement turc. Autant nous perdions de millions en Algérie, autant l'Angleterre en gagnait à Constantinople. L'habileté profonde d'un gouvernement national a bientôt eu raison des glorioles surannées de l'épaulette et de l'épée.

Nous ne prétendons pas qu'au point de vue de la civilisation et des intérêts généraux de l'Europe, l'occupation de l'Algérie soit un mal, encore moins qu'il puisse être question de l'abandonner. Ce serait une seconde folie, encore plus grande que la première; mais nous prétendons que si les millions et les hommes que nous avons perdus sur la côte africaine avaient été employés en France à des objets d'intérêt public, l'Europe elle-même en aurait profité autant que nous. Il était facile de détruire le nid de pirates sans nous jeter dans les dépenses que nous avons faites au profit de petites nations et au préjudice de notre commerce national.—Mais ce n'est pas ici le lieu de discuter cette grave question qui, d'ailleurs, est maintenant en dehors de toute discussion.

Quoi qu'il en soit, il est clair comme le jour que le chiffre de l'importation française a diminué de près de moitié, et qu'il n'a commencé à se relever que vers 1850. De 16 millions qu'il était en 1847, il est descendu à 12 en 1848, et remonté à 23 en 1850. Les exportations étaient, en 1847, de 73 millions; elles n'ont été, en 1850, que de 43,500,000 fr.

L'Autriche vient après la France, et la Russie après l'Autriche. Nous manquons de documents pour donner le chiffre des opérations commerciales de ces deux nations, mais il est certain que l'Autriche, par le Danube et par l'Adriatique, a pris un grand intérêt au commerce du Levant; et que la Russie, par Odessa et ses fleuves débouchant dans la mer Noire, prend chaque année une part de plus en plus considérable. Il y a donc sur ce point une multitude d'intérêts engagés, qui tous seraient compromis si la Russie triomphait dans la lutte qu'elle a fait naître entre elle et la Turquie.

Le mal serait d'autant plus grand que le czar n'est pas, comme le sultan, imbu de ces idées de justice et de protection hospitalière, pleines d'attraction pour les étrangers; que le gouvernement russe est à l'œuvre aux bouches du Danube. Qu'on peut juger, par ce qu'il y fait, de ce qu'il ferait s'il était maître des Dardanelles; et ne perdons pas de vue que si les autres nations occidentales ne figurent pas dans les exportations et dans les importations pour des sommes aussi importantes que les grandes nations dont nous venons de parler, cela ne dépend pas du petit nombre d'affaires qu'elles font, mais du peu d'étendue relative de leurs territoires. — Cela est tellement vrai que si l'on calculait l'étendue des relations commerciales de la Belgique, de la Hollande, de la Suisse et de l'Italie, sous le rapport de la population ou de la grandeur des États, la Russie, qui occupe le quatrième rang, passerait au dernier. Elle le sent mieux que personne; il semblerait qu'elle en soit humiliée, et que ce soit pour sortir de cette situation qu'elle suit avec tant d'opiniâtreté, tant de périls, ses projets d'envahissements ou de domination qui alarment et soulèvent toute l'Europe.

CHAPITRE V.

DES IMPÔTS ET DE LEUR PERCEPTION EN TURQUIE.

Il est un principe sur lequel les publicistes sont unanimes, c'est que l'état des finances et la régularité dans le paiement des impôts et dans l'acquittement des dettes d'un gouvernement sont la preuve de sa prospérité. A ce titre, il n'y en aurait aucun en Europe qui fût plus prospère que celui de la Turquie; car il est fidèle à tous ses engagements, la perception des contributions se fait facilement, et la dette publique a peu d'importance, comparativement aux ressources du pays.

La propriété est aussi bien établie, aussi bien garantie que partout ailleurs; elle l'est seulement d'une manière différente, et chacun en jouit paisiblement selon la loi. Lors de la conquête, une partie a été attribuée aux mosquées, mais avec des charges qu'elles supportent encore : celles, par exemple, de l'enseignement, du culte et des hospices. — Une seconde aux vainqueurs.

Une troisième au sultan, qui y joint son droit souverain, mais réglé par la loi, et non pas arbitraire comme on le pense assez ordinairement. Le Grand Seigneur ne peut plus disposer ni de la vie ni de la fortune d'un seul de ses sujets. Son droit sur la propriété est général et ne peut avoir d'application contre les individus.

La partie des terres appartenant aux mosquées est affranchie de l'impôt, et néanmoins elle en paie sa part, puisque des services publics sont à sa charge.

Celles appartenant aux mahométans sont soumises au paiement du dixième du revenu ; celles des autres sujets, chrétiens, latins, etc., quelle que soit leur religion, paient une taxe personnelle et foncière, soit sur le fonds, soit sur le revenu. Il résulte de ces prémices que la constitution et la perception des impôts sont à peu près les mêmes que dans les États les mieux organisés.

Le principe de la proportionnalité étant admis, on doit considérer comme certain que, dans quelques années, tous les propriétaires seront taxés d'une manière uniforme, de sorte que les priviléges établis en faveur du vainqueur auront moins duré qu'en France, et disparaîtront plutôt de la Turquie que d'autres parties de l'Europe où il y a encore des inégalités. Ils ont déjà disparu quant à l'impôt établi sur le revenu mobilier ou industriel, fixé par les communes, et perçu en partie pour le trésor public, en partie pour les besoins et services locaux.

Dans les campagnes, la taxe est faite d'après le nombre des charrues et autres éléments d'appréciation.

Dans les villes, les manufactures, les établisssements de toute nature sont appréciés par des commissions et la quotité des impôts est déterminée à telle ou telle somme pour tel ou tel établissement, et répartie ensuite sur tous les autres par analogie de valeurs des fonds et des revenus.

En quoi tout cela diffère-t-il de ce que nous avons en France?...

Il serait assez difficile de le dire. — Mais disons, pour achever le tableau satisfaisant de la situation financière du gouvernement turc, que, sous le rapport commercial, il est plus libéral que tous les états de l'Europe, car il laisse à tous la liberté la plus étendue, moyennant certains droits d'importation qui remplacent les douanes. Il est à craindre que cet état de choses ne soit changé; l'exemple des ressources que produisent les douanes, pourra engager la Turquie à les établir aussi, surtout si elle devient industrielle; mais, quant à présent, son système est celui de la liberté pour tout le monde.

Cependant, à côté de ces droits établis dans l'intérêt de tous, une classe a conservé un privilége fort important, qui n'aura plus de raison d'être aussitôt que la libre disposition des biens sera complétement établie; nous voulons parler des opérations financières auxquelles se livrent les administrateurs des mosquées. Il y a là de singuliers abus qui finiront quand le gouvernement voudra; car il peut les détruire sans toucher aux droits acquis, aux prescriptions du Coran, qui, au contraire, aideront le sultan à compléter la réforme commencée par son père. Le grand point est de ne pas imiter ce qu'on fit en France. La spoliation des mosquées serait un grand malheur, en ce qu'elle serait un obstacle à l'adoption des idées nouvelles, en ce qu'elle entretiendrait ou ferait naître des préventions qu'on ne manquerait pas de qualifier de religieuses.

Nous empruntons à M. Ubicini, qui connaît parfaitement le fort et le faible des institutions turques, une définition de ce qu'on appelle en Orient le *vacouf coutumier*; elle nous paraît si claire, elle fait connaître une pratique qui indique si bien la crainte qu'inspirait la tyrannie et les moyens de s'y soustraire, au moins, quant aux confiscations, que nous croyons intéresser vivement nos lecteurs en mettant sous leurs yeux, ce passage d'un écrivain consciencieux, qui, quoique partisan des institutions ottomanes, en a cependant signalé les vices avec autant de fermeté que de modération.—Zeïd, dit-il, possesseur d'une terre valant *cent mille piastres*, désire la mettre à l'abri de la confiscation et la conserver à ses descendants directs, voici par quel moyen il peut arriver à son but : « Il fait abandon de son immeuble à la mosquée, qui lui compte, en échange, une somme de *dix mille piastres*. Mais cet abandon n'est, en quelque sorte, que fictif; Zeïd, moyennant un intérêt de 15 p. 100 de la somme reçue, soit quinze cents piastres par an, qu'il paie à la mosquée à titre de loyer, conserve la jouissance à perpétuité de son immeuble, avec la faculté de le transmettre, à sa mort, à ses enfants, ou d'en disposer de son vivant en transportant ses droits sur une autre personne, à peu près comme s'opère chez nous le transfert d'une inscription de rentes, moyennant un droit de mutation de 3 p. 100 perçu par la mosquée. De plus, il a l'avantage d'être à l'abri soit de la confiscation, soit d'une vente forcée, sur poursuites de créanciers ou en vertu du retrait vicinal qu'exerce tout propriétaire sur l'immeuble contigu au sien, pour avoir, en cas de vente, la préférence sur tout autre acquéreur. Mais si Zeïd vient à mourir sans enfants, attendu un fetva, qui exclut même les petits-fils de la succession de leur grand-père, si celui-ci survit au père de ces enfants, l'immeuble passe à la mosquée. — La mosquée se trouve donc, de son côté, par l'effet de ce fidéicommis, dans la situation d'un homme qui se rendrait acquéreur, moyennant le dixième de sa valeur, d'un immeuble dont il n'aurait la disposition libre et entière qu'après l'extinction de la descendance linéale et directe du vendeur, et pour lequel il percevrait, en attendant, une redevance annuelle égale aux 15 p. 100 de la somme qu'il aurait déboursée. Il est aisé, dès lors, de comprendre comment les avantages réciproques assurés au propriétaire et à la mosquée dans ces aliénations, dont les inconvénients n'existent que pour les collatéraux et pour l'Etat, contribuèrent à multiplier anciennement les vacoufs, au point qu'aujourd'hui les trois quarts de la propriété territoriale, en Turquie, se trouvent engagés envers les mosquées. »

N'y a-t-il pas dans cet usage trois choses abusives, auxquelles il est aisé de remédier ? la première est la suppression de l'impôt; la seconde le détournement des droits de mutation; et la troisième, l'établissement presqu'indéfini des biens de mainmorte. Il suffirait d'un firman pour supprimer ces abus et faire marcher les droits des mosquées de front avec les droits de l'État.

CHAPITRE VI.

DES RÉFORMES EFFECTUÉES.

La charte ottomane serait en tout pays un acte d'un libéralisme aussi pur qu'élevé; elle est, pour un empire qu'on veut relever de la décadence qu'il a subie, un acte glorieux, en ce qu'elle relève en même temps et l'auteur et les peuples.—Il faut, pour en bien comprendre la portée, et pour prouver aux détracteurs de la Turquie combien est grande l'erreur dans laquelle ils se complaisent, examiner consciencieusement chaque principe posé par son immortel auteur, on n'y trouvera pas un mot qui n'y soit à sa place, pas une pensée qu'on désirât en retirer.

Commençons par le préambule concis, mais lucide, qui tout d'abord en détermine l'esprit.

« Tout le monde sait que dans les premiers temps de la monarchie ottomane, les préceptes du glorieux Coran et les lois de l'empire étaient une règle toujours honorée. En conséquence, l'empire croissait en force et en grandeur, et tous les sujets, sans exception, avaient acquis au plus haut degré l'aisance et la prospérité.

« Depuis cent cinquante ans, une succession d'accidents et de causes diverses ont fait qu'on a cessé de se conformer au code sacré des lois et aux règlements qui en découlent, et la force et la prospérité intérieures se sont changées en faiblesse et en appauvrissement. C'est qu'en effet un empire *perd toute stabilité quand il cesse d'observer les lois*.

« Ces considérations sont sans cesse présentes à notre esprit, et depuis le jour de notre avénement au trône, la pensée du bien public, de l'amélioration de l'état des provinces et du *soulagement des peuples* n'a cessé de nous occuper uniquement. Or, si on considère la position géographique des provinces ottomanes, la fertilité du sol, l'aptitude et l'intelligence des habitants, on demeurera convaincu qu'en s'appliquant à trouver les moyens efficaces, le résultat, qu'avec le secours de Dieu nous espérons atteindre, peut être obtenu dans l'espace de quelques années.

« Ainsi donc, plein de confiance dans le secours du Très-Haut, appuyé sur l'intercession de notre prophète, nous jugeons convenable de chercher, *par des institutions nouvelles*, à procurer aux provinces qui composent l'empire ottoman le bienfait d'une bonne administration. »

Quoi de plus constitutionnel que de telles dispositions! quel calme, quelle religieuse attention de ne blesser en rien la loi politique et religieuse du pays! C'est elle qui inspire le sultan; c'est pour la rendre plus sacrée qu'il l'invoque; c'est pour donner la vie à son œuvre, qu'il l'appuie sur la loi des lois, celle qui est seule immuable, seule irrévocable; mais qui permet qu'on l'entende, qu'on l'applique de manière à augmenter le bonheur du peuple. Avec quelle sagesse le sultan détermine la portée de ce qu'il a si heureusement appelé de nouvelles institutions.

Elles doivent, dit l'hatti-schérif, porter principalement sur trois points :

« 1° Les garanties qui assurent à nos sujets une parfaite sécurité quant à *leur vie, leur honneur et leur fortune;*

« 2° Un mode régulier d'asseoir et de prélever les impôts;

« 3° Un mode également régulier pour la levée des soldats et la durée de leur service.

« En effet, la vie et l'honneur ne sont-ils pas les biens les plus précieux qui existent? Quel homme, quel que soit l'éloignement que son caractère lui impose pour la violence, pourra s'empêcher d'y avoir recours, et de nuire par là *au gouvernement et au pays,* , si sa vie et son honneur sont mis en danger? Si, au contraire, il jouit à cet égard d'une sécurité parfaite, il ne s'écartera pas des voies de la loyauté, et tous ses actes concourront au bien du gouvernement et de *ses frères.*

« S'il y a absence de sécurité à l'égard de la fortune, tout le monde reste froid à la voix du *prince* et de la *patrie;* personne ne s'occupe du progrès de la fortune publique, absorbé qu'il est par ses propres inquiétudes. Si, au contraire, *le citoyen* possède avec confiance ses propriétés de toute nature, alors, plein d'ardeur pour ses affaires, dont il cherche à étendre le cercle, *afin d'étendre celui de ses jouissances*, il sent chaque jour redoubler en son cœur l'amour du prince et de la patrie, le dévoûment à son pays, et ces sentiments deviennent en lui la source des actions les plus louables.

Il ne s'agit pas ici de ces articles secs et arides, qu'on comprend ou qu'on ne comprend pas. Le sultan s'adresse au bon sens de ses peuples ; il ne commande pas, il invite à se réunir à lui. Ces mots, si le citoyen possède avec confiance, etc., n'ont-ils pas une fleur de civilisation qu'on croirait sortie des villes les plus avancées de notre vieille Europe? Il est aisé de voir combien ont été méditées de telles paroles, et combien s'identifie avec nos opinions celui que nous croyons en être l'ennemi déclaré. — S'agit-il de l'impôt, le sultan parle en véritable économiste, et l'on sent, en lisant ce qui suit, que le jeune législateur a confiance en ses réformes.

« Quant à l'assiette régulière et fixe des impôts, il est très-important de régler cette matière, car l'Etat, qui, pour la défense de son territoire est obligé à des dépenses diverses, ne peut se procurer l'argent nécessaire pour ses armées et autres services que par les contributions levées sur ses sujets.

« Quoique, grâce à Dieu, ceux de notre empire soient pour quelque temps délivrés du fléau des monopoles, regardés mal à propos autrefois comme une source de revenus, un usage funeste subsiste encore, quoiqu'il ne puisse avoir que des conséquences désastreuses : c'est celui des concessions vénales connues depuis longtemps sous le nom d'*Ittizam*.

« Dans ce système, l'administration civile et financière

d'une localité est livrée à l'arbitraire d'un seul homme, c'est-à-dire quelquefois à la main de fer des passions les plus violentes et les plus cupides, car, si ce fermier n'est pas bon, il n'aura d'autre soin que celui de son propre avantage.

« Il est donc nécessaire que désormais chaque membre de la société ottomane soit taxé pour une quotité d'impôt déterminée, en raison *de sa fortune et de ses facultés*, et que rien au-delà ne puisse être exigé de lui.

« Il faut aussi que des lois spéciales fixent et limitent les dépenses de nos armées de terre et de mer. »

Ce n'était point assez pour le sultan d'avoir prévu ce qui importait le plus à la puissance de l'État; il songe aussitôt au bonheur de ses peuples, et il le fait dans les termes d'une véritable affection.

« Bien que, comme nous l'avons dit, la défense du pays soit une chose importante, et que ce soit un devoir pour tous les habitants de fournir des soldats à cette fin, il est nécessaire d'établir des lois pour régler le contingent que devra fournir chaque localité, selon les nécessités du moment, et pour réduire à quatre ou cinq ans le temps du service militaire. Car c'est à la fois faire une chose injuste et *porter un coup mortel à l'agriculture et à l'industrie du pays*, que de prendre, sans égard à la population respective des lieux, dans l'un plus, dans l'autre moins d'hommes qu'ils n'en peuvent fournir; de même que c'est réduire les soldats au désespoir et contribuer à la dépopulation du pays que de les retenir toute leur vie au service.

« En résumé, sans les diverses lois dont on vient de

voir la nécessité, il n'y a pour l'empire ni force, ni richesse, ni bonheur, ni tranquillité; il doit, au contraire, les attendre de l'existence de ces lois nouvelles. »

Après avoir établi la publicité et la régularité des jugements; — avoir garanti expressément l'honneur de tous, par la défense de porter atteinte à l'honneur de qui que ce soit; — aboli la confiscation même des biens des criminels, le sultan ajoute que ses concessions impériales s'étendent à tous ses sujets, *de quelque religion ou secte qu'ils puissent être*, et les appelle tous à jouir d'une sécurité parfaite dans leur vie, leur honneur, leur fortune, ainsi, dit-il, que l'exige le *texte sacré de notre loi*. Il annonce aussi le complément des réformes qu'il veut effectuer selon les temps et à son heure. Il dispose en maître, mais en maître bienveillant, en termes dont nous nous ferions scrupule de rien changer.

« Quant aux autres points, comme ils doivent être réglés par le concours d'opinions éclairées, notre conseil de justice (augmenté de nouveaux membres autant qu'il sera nécessaire), auquel se réuniront, à certains jours que nous déterminerons, nos ministres et les notables de l'empire, s'assemblera à l'effet d'établir des lois réglementaires sur ces points de la sécurité de la vie et de la fortune, et sur celui de l'assiette des impôts.

« Les lois concernant la régularisation du service militaire seront débattues au conseil militaire tenant séance au palais du séraskier. Dès qu'une loi sera terminée, elle nous sera présentée, et afin qu'elle soit à jamais valable et exécutoire, nous la confirmerons de notre sanction que nous écrirons en tête, de notre main impériale.

« Comme ces présentes institutions n'ont pour but que de faire refleurir la religion, le gouvernement, la nation et l'empire, nous nous engageons à ne rien faire qui y soit contraire.

« En gage de notre promesse, nous voulons, après les avoir déposées dans la salle qui renferme le manteau glorieux du prophète, en présence de tous les ulémas et grands de l'empire, faire serment par le nom de Dieu et faire jurer ensuite les ulémas et les grands de l'empire.

« Après cela, celui des ulémas ou des grands de l'empire ou toute autre personne que ce soit, qui violerait ces institutions, subira, *sans qu'on ait égard au rang, à la considération et au crédit de personne*, la peine correspondant à sa faute, bien constatée. Un code pénal sera rédigé à cet effet.

« Comme tous les fonctionnaires de l'empire reçoivent aujourd'hui un traitement convenable, et qu'on régularisera les appointements de ceux dont les fonctions ne sont pas encore suffisamment rétribuées, une loi rigoureuse sera portée *contre le trafic de la faveur et des charges (richvet)* que la loi divine réprouve, et qui est une des principales causes de la décadence de l'empire.

« Les dispositions ci-dessus arrêtées étant une altération et une rénovation complète des anciens usages, ce rescrit impérial sera publié à Constantinople et dans tous les lieux de notre empire, et devra être communiqué ofciellement à tous les ambassadeurs des puissances amies résidant à Constantinople, *pour qu'ils soient témoins* de l'octroi de ces institutions, qui, s'il plaît à Dieu! dureront à jamais.

« Sur ce, que Dieu très-haut nous ait tous en sa sainte et digne garde!

« Que ceux qui feront un acte contraire aux présentes institutions soient l'objet de la malédiction divine, et privés pour toujours de toute espèce de bonheur! »

Dans quel état constitué depuis des siècles trouverait-on des institutions plus favorables pour une nation, et plus capables de la rattacher au gouvernement qui spontanément les proclame, dans le seul but de civiliser des peuples qu'il chérit, et qui lui rendent en amour tout ce qu'il leur donne en protection? Il y a certainement dans cet acte d'un pouvoir absolu, qui répudie le droit de mal faire, inhérent aux anciens usages, quelque chose de grand, de généreux, bien propre à détruire les préventions de l'Europe contre ce gouvernement qu'on présentait pourtant à Saint-Pétersbourg comme tombant en dissolution.

Ce n'est cependant là que la base principale des réformes qui doivent être effectuées et qui déjà le sont en partie. Ainsi l'éducation publique est devenue nationale, elle s'étend partout; ainsi la liberté du commerce est établie, les avanies supprimées, les impôts sagement réglés; et ce n'est pas un des moindres événements de notre époque que le succès d'un emprunt pendant une grande guerre, à un taux que beaucoup des nations européennes auraient bien de la peine à trouver. Néanmoins, on a soutenu, et la Russie avait grand intérêt à ce qu'on le soutînt, que la charte ottomane n'était qu'une lettre morte, qu'elle ne serait jamais exécutée. On a montré, à cet égard, une impatience d'autant plus extraordinaire, que ceux qui la manifestaient savaient parfaitement que de telles réformes ne s'opèrent et se consolident qu'à l'aide du temps et de circonstances qu'on ne peut ni amener, ni maîtriser. — Ils feignaient d'ignorer tout ce que la France et l'Angleterre ont eu d'obstacles à vaincre pour faire triompher les réformes les plus salutaires, et ils exigeaient d'un peuple ignorant plus qu'on n'obtint jamais, en aucun pays, d'un peuple éclairé, quel qu'il fût.

Le généreux sultan n'a pas reculé d'un seul pas, et, chose très-significative, on n'a vu nulle part la trace d'une émeute. Non-seulement le règlement général sur l'administration se suit dans la province où le gouvernement l'a introduit, mais des actes nouveaux viennent lui donner une plus grande force, et parmi ceux-là il en est deux qui méritent une attention toute particulière : le premier est une proclamation d'un commissaire du sultan, à l'effet d'étouffer ou de punir une insurrection; le second, un firman émané de l'initiative du Grand Seigneur, pour l'exécution de la charte et du règlement qui en fut la conséquence.

On sait que, jusqu'à ces derniers temps, les insurrections contre le gouvernement turc ont toujours été combattues par la force armée, et que ce sont les excès commis par les soldats sans discipline qui ont amené partout les déplorables résultats dont on eût tant à se plaindre. La fusillade pour les masses, le lacet pour les chefs, telle était la règle. Comment s'y prend-on aujourd'hui ?

Le sultan nomme un commissaire; il l'envoie en

Épire; il arrive, et son premier acte attribue la sédition aux manœuvres des étrangers, afin de donner à ceux qui y ont pris part un moyen de rentrer dans le devoir.

« Vous étiez paisibles, dit-il aux habitants, il est venu d'au-delà des frontières des individus qui jettent le désordre dans vos villages.... La volonté de l'empereur est de traiter ses sujets comme ses propres enfants; il n'est donc dans l'intention de personne de verser un sang précieux; tout individu qui s'est révolté doit rentrer immédiatement dans l'obéissance.... Les aventuriers qui sont venus d'au-delà de la frontière ont leurs maisons et leurs familles hors de notre territoire; ils n'ont donc rien à perdre ici, et, lorsqu'ils auront été battus, ils retourneront dans leurs foyers et vous laisseront exposés à toutes les horreurs de la guerre.... Tous ceux qui ont pris les armes, et qui les déposeront pour rentrer dans l'obéissance, recevront leur pardon de notre empereur, et je promets que tout honnête homme n'aura aucun danger à courir; et si quelqu'un a perdu un agneau, il lui sera remplacé par une brebis. » Fuad-Effendi, qui a publié cette proclamation, après avoir averti les révoltés que ceux qui persisteraient seraient sévèrement punis, annonce aussi que les habitants qui ont souffert du pillage effectué par les villages insurgés seront indemnisés par les habitants qui ont pillé. — C'est là première fois qu'un commissaire ottoman fait entendre un semblable langage; c'est notre loi sur la responsabilité des communes importée en Orient. Est-il bien sûr que les commissaires extraordinaires se soient toujours conduits avec cette modération, lorsqu'ils représentaient des gouvernements depuis longtemps considérés comme étant à la tête de la civilisation ? »

L'autre acte dont nous avons parlé a plus d'importance encore; c'est un firman des derniers jours du mois de février 1854, adressé au gouverneur général de Salonique et dépendances, dont voici une traduction fidèle; nous n'y retrancherons rien, nous nous dispenserons aussi de tout commentaire, parce que de tels actes se suffisent et s'expliquent d'eux-mêmes, et que d'ailleurs leur exécution est toujours conforme aux vues du sultan.

« Mu par les sentiments d'amour que Dieu m'a inspirés pour mes peuples, je ne cesse de porter mes pensées équitables, comme chacun le sait, et comme cela a été si souvent prouvé par les firmans que j'ai rendus et fait publier, sur les moyens d'assurer le repos et la prospérité de mon empire.

« C'est dans le noble but d'obtenir un résultat aussi précieux qu'ont été établis le tamzimat, et tant de lois et de règlements qui s'y rattachent, et qui produisent déjà les effets les plus salutaires.

« Comme je tiens beaucoup également à ce que les affaires qui sont du ressort des tribunaux soient convenablement réglées partout, afin que mes sujets n'éprouvent non plus, sous ce rapport, aucune espèce de préjudice ou de trouble, un tribunal de commerce et un tribunal de police ont été institués d'abord à Constantinople, et, plus tard, dans quelques pays considérables de mon empire. Cette création ayant produit des avantages de toute sorte, tant pour mes sujets que pour les étrangers, la question de la formation de tribunaux semblables dans les autres parties de mes États, où il serait convenable d'en établir, a été l'objet de mûres délibérations dans une commission spéciale instituée auprès de mon grand conseil de justice, et le rapport présenté par elle sur ce sujet a été lu et examiné par mon conseil privé des ministres.

« Considérant que les attributions de ces tribunaux consistent seulement à juger ceux de mes sujets qui se rendent coupables de délits ou de crimes envers des sujets étrangers, ainsi que les sujets étrangers prévenus de vol, d'assassinat ou d'autres crimes ou délits envers des sujets ottomans; que le véritable but de la formation de ces tribunaux est d'arriver, au moyen d'investigations et de vérifications sérieuses de toute sorte, à mettre en évidence la culpabilité ou l'innocence des personnes soupçonnées ou prévenues, et que le résultat de ces investigations serait de pouvoir punir, suivant la justice et les lois, les individus accusés avec raison, et, par cela même, d'ôter aux coupables les moyens de se soustraire aux peines de la loi, les membres du conseil ont pensé qu'il serait convenable d'adopter les dispositions suivantes :

« Il serait établi pour le moment, sur quelques points principaux et considérables de l'empire, outre ceux où il en existe déjà, un conseil, dit conseil de vérification, spécialement chragé d'examiner, comme cela se fait aux conseils du *zabtié* et de la police de Constantinople, les procès qui s'élèvent pour des crimes et délits entre les sujets de ma Sublime-Porte, musulmans, chrétiens, et de toute autre catégorie, ou entre des sujets de ma Sublime-Porte et des étrangers.

« Comme le but de cette institution est de mettre en évidence la culpabilité des uns et de protéger les autres lorsqu'ils sont innocents, les gouverneurs et toutes autres autorités locales devraient s'attacher, avec le plus grand soin, à agir suivant le règlement adopté, comme à ne rien faire qui soit en opposition avec les principes en vigueur.

« On s'efforcerait sans cesse de perfectionner, peu à peu, et d'appliquer convenablement les règlements.

« Les membres de ces conseils devraient être, comme cela est dit dans un article du règlement, des hommes capables et connus pour leurs sentiments de justice et leur intégrité; ils seraient pris parmi les membres du grand conseil local, et parmi d'autres personnes connues avantageusement. On donnerait aussi à ces conseils un ou deux greffiers, suivant les nécessités locales, et, après les avoir ainsi constitués sur les lieux, on informerait la Sublime-Porte de tout ce qui aurait été fait.

« Ces dispositions ayant été soumises à ma sanction impériale, j'ai ordonné qu'elles fussent exécutées de la manière énoncée ci-dessus, et une copie certifiée et scellée du règlement précité vous est envoyée ci-jointe à cet effet. En apprenant donc ce qui a été décidé, vous procéderez, avec l'intelligence et la sagacité qui vous distinguent, et comme il est dit plus haut, à la désignation des membres du conseil et à sa constitution, et vous informerez ensuite la Sublime-Porte. Vous devrez vous attacher et donner tous vos soins à ce que les affaires soient examinées et réglées avec justice et impartialité, conformément aux dispositions du règlement adopté, à ce que les délits et crimes commis soient mis en évidence et que l'on ne moleste pas les innocents, et vous veillerez à ce qu'il ne se fasse rien de contraire aux principes établis. »

S'il y avait moins de préoccupations dans les esprits, si nous pouvions espérer d'appeler l'attention de nos lecteurs sur les institutions de cette Turquie, si peu connues, et qui méritent tant de l'être, nous rapporterions également ici les actes du jeune sultan qui répondent si bien à tant d'attaques aussi injustes qu'inconsidérées. — Ces actes répondraient notamment aux prétendus griefs des Grecs vendus à la Russie. — Mais à quoi bon? les faits parlent assez haut. Il est connu de tout le monde que les Grecs n'ont rien fait de ce qu'ils avaient promis, et que les Ottomans font au-delà de ce que l'on attendait d'eux. L'esprit de sédition qui se développe dans presque toutes les parties de la Grèce contre la Turquie, aurait encore une fois mis l'Orient en feu, sans l'énergie des avertissements de l'Angleterre et de la France. Cette insurrection nouvelle, sans autre cause connue que l'influence des agents de la Russie, pourrait avoir pour la Grèce les plus graves conséquences. — Attaquer la Turquie, sans aucun grief, sans aucun motif, c'est donner à la Turquie le droit de punir une telle agression. Que feraient les Grecs, qui, depuis dix-huit ans qu'ils sont sous le sceptre d'Othon et sous la protection des grandes puissances, sont restés à peu près ce qu'ils étaient, si la France et l'Angleterre les abandonnaient à leurs mauvaises passions? N'est-ce pas déjà trop pour eux d'avoir désillusionné les amis les plus chauds de leur liberté. Veulent-ils que la Turquie, usant de représailles, aille châtier les séditieux qui cherchent à porter le désordre dans les provinces ottomanes, et pensent-ils que, si un tel malheur arrivait, leurs protecteurs viendraient sacrifier leurs trésors et leurs soldats sur l'autel de la sédition, élevé des mains de la Grèce en délire?

S'il est un peuple qui ait à souffrir de la prépondérance de la Russie, c'est la Grèce, dont la Russie ne tolèrera jamais l'agrandissement ni la liberté; et c'est pour elle que des insensés cherchent à faire une diversion défavorable, non-seulement à la Turquie, fidèle au traité de leur émancipation, mais encore hostile à la France, à l'Angleterre, dans un moment où elles combattent les envahissements de la Russie. Il y a dans cette conduite autant d'imprévoyance que d'ingratitude, car il ne faudrait pas de grands efforts à la Turquie pour leur infliger une punition exemplaire; et certainement les seules puissances qui auraient défendu les Grecs attaqués par les Ottomans, ne les défendraient pas des représailles qu'ils se seraient follement et méchamment attirées. Dans l'intérêt de l'honneur et de la paix de la Grèce, il est temps d'écouter les conseils des commissaires extraordinaires de la Porte ottomane, et de vivre en paix avec un voisin aussi puissant, et qui a de si justes causes de ressentiment.

CHAPITRE VII.

INFLUENCE DE LA CIVILISATION EUROPÉENNE SUR LA TURQUIE.

Nous venons de voir ce qu'a produit sur le sultan le respect filial pour l'œuvre et les intentions de Mahmoud, ce que produisent encore ses propres relations avec les gouvernements européens, au point de vue des actes d'administration; voyons maintenant ce qu'elles ont produit sur le caractère des hommes élevés dont ce monarque s'entoure, et comment il communique à ses ministres les sentiments de justice qui l'animent.

Lorsqu'en 1849 les idées ultra-libérales s'agitèrent sur les rives du Danube, le sultan attendit sans trouble le résultat de cette lutte menaçante pour les États voisins. Il y vit un châtiment de la Providence contre des oppresseurs, ou un égarement de la part des peuples impatients du joug sous lequel ils sont courbés. Il vit avec dédain la Russie se constituer le grand-prévôt de Hongrie. Il pouvait même, sans tirer l'épée, donner de grands embarras à l'Autriche, engagée à la fois en Lombardie, en Hongrie et jusque dans les États héréditaires de l'empereur ; il s'abstint d'aucune disposition qui pût inquiéter ce monarque, ni servir la cause des insurgés. Mais lorsque les vaincus, les proscrits se retirèrent dans ses États, il les reçut sans hésitation, et bien qu'averti que son hospitalité pouvait être un sujet de mécontentement pour l'Autriche et la Russie, intimement unies à cette époque, il ne retira point sa protection ; — il fit plus, il annonça qu'une telle hospitalité était l'exercice d'un droit souverain dont il ne devait compte à personne.

Il préférait imiter la France et l'Angleterre, ces deux patries des hommes qui n'en ont plus, à se soumettre aux exigences d'ambassadeurs qui se croyaient fondés à parler avec autorité. Il s'étonna qu'on eût l'audace de le soupçonner d'une lâcheté, et prouva qu'aussi bien qu'à Vienne ou à Moscou, on savait à Constantinople faire respecter ses droits et sa dignité. Et le peuple français applaudit ; et le peuple ottoman se montra glorieux de voir son honneur national en de si nobles mains. Ce peuple, que les ignorants qualifient de barbare, montra souvent sa sympathie pour les malheureux qui venaient se confier à sa foi, et n'en abusa jamais. Le peuple ottoman est récompensé des sentiments qu'il montre aux proscrits européens, par ceux de bienveillance marquée que lui portent les chrétiens d'Occident. C'est un grand pas de fait vers cette alliance si désirable des peuples de religions diverses. Adorer Dieu selon la foi de ses pères, et traiter tous les hommes en frères est un but digne de toutes les nations, et l'exemple est beau quand il vient du point de l'Europe d'où nous l'attendions le moins.

Les Français et les Anglais qui ont eu des relations avec les musulmans, soit à Constantinople, soit à Smyrne, sont d'accord pour reconnaître leur bonne foi commerciale, leur hospitalité, leur obligeance et leur respect pour les engagements contractés. S'il y a dans certains esprits encroûtés quelques tendances à s'éloigner des chrétiens, c'est assurément par suite des anciennes querelles entre l'Orient et l'Occident; ce sont des faits individuels qu'il ne faut pas confondre avec le sentiment national. En veut-on une preuve? Considérez la jeunesse musulmane; elle est enthousiaste de ce qu'elle apprend de la France et de l'Angleterre; elle est glorieuse de l'alliance de son gouvernement avec les puissances occidentales. Elle se livre avec ardeur, avec plaisir même, aux exercices militaires; et l'on voit partout les soldats appartenant aux régiments réguliers se regarder comme l'élite des défenseurs de la patrie. Il n'est pas douteux qu'une campagne faite avec nous augmentera encore cette tendance aux réformes salutaires. Ce qui se passe aujourd'hui même sur les bords du Danube est un enseignement utile pour tous. Quand les hommes obligés à rester sur un point stratégique auront comparé la conduite des bataillons réguliers à celle des hordes indisciplinées, quand ils auront vu des pays dévastés, sans profit pour personne, et même au détriment de ceux qui dévastent, puisque bientôt après ils manqueront de tout; que, d'un autre côté, ils verront la régularité du service des subsistances d'accord avec celle du service militaire, ils demeureront convaincus des avantages de la discipline; ils renonceront à leurs habitudes de pillage, comme ils ont renoncé à celle de couper les têtes des morts et des blessés.

Déjà les armées ottomanes en seraient arrivées à ce point, sans l'immense intérêt qu'a la Russie d'empêcher les réformes que le sultan a prescrites et combinées avec les ressources générales de son empire. Les voyageurs qui ont parcouru les provinces du Danube, la Crimée, les campagnes d'Azof et celles de la Tauride, ont remarqué souvent combien les populations guerrières sont impatientes du joug qu'elles ont reçu de la Russie, par suite de la corruption de leurs chefs, ou par suite de l'anarchie que les agents de la Russie avaient fomentée dans leurs tribus. Il suffirait de quelques revers éprouvés par leurs tyrans, pour qu'ils s'efforçassent de reconquérir leur indépendance, et, dans ce cas, le sultan les aurait bientôt pour alliés, comme ils l'étaient jadis. Cette idée leur sourira d'autant plus, que tous ont grandement à se plaindre de l'inexécution des promesses qui leur ont été faites, et de se voir de plus en plus confondus avec des esclaves qu'ils méprisent. Il y a là un grand danger que la Russie n'aurait pas à redouter, si, au lieu de profiter de la paix pour enrégimenter toutes ses populations, elle en avait profité pour les éclairer et les rendre heureuses. Il y a là un élément de puissance qui n'échappera certainement pas à la politique du gouvernement ottoman. Ce ne sera pas la première fois que l'attraction de la puissance et du bien-être d'un peuple aura produit de tels revirements de fortune dans les États. L'idée qu'on avait de la faiblesse de la Turquie portait ses alliés à se détacher d'elle, et portait même ses provinces à se déclarer indépendantes; l'idée qu'on aura de sa force produira un effet contraire. Nous allons, dans les chapitres suivants, indiquer quelques exemples concluants, à l'appui de l'espérance que nous venons d'exprimer dans l'intérêt de la civilisation et du triomphe des lois de l'humanité sur celle du czarisme destructeur de l'espèce humaine.

LIVRE IV.

DE LA RUSSIE EN GÉNÉRAL.

Aucun État de l'Europe, ou de toute autre partie du monde, n'a pris autant que la Russie le soin de faire vanter sa puissance et sa civilisation depuis Pierre-le-Grand, et surtout depuis Catherine II. Tout ce qu'on a dit du premier de ces grands personnages était appuyé sur des faits, sur des traits de génie, qui auraient fait de lui un monarque éminemment populaire, s'il n'avait été éminemment cruel et sanguinaire. Pierre Ier, avec les qualités dont il était doué, semblait appelé à régénérer cette région inconnue de l'Europe comme nation et méprisée des chrétiens comme schismatique. Catherine commença son illustration par des actes administratifs bien entendus, par des victoires faciles et nombreuses, par des corruptions audacieuses; mais, tout en se donnant l'apparence d'un génie civilisateur, elle resta, comme Pierre Ier, fort au-dessous de sa tâche. — Elle établit en Russie un faste asiatique, des armées, des monuments; mais loin de réformer les mœurs d'un peuple demi-sauvage, elle lui donna le pernicieux exemple d'une immoralité profonde et de désordres ruineux pour ses finances. Les hautes classes, portées à l'imitation des maîtres, furent ainsi jetées dans une espèce de misère, de sorte que le luxe était partout et l'aisance nulle part.

C'est le danger des gouvernements despotiques de n'avoir aucun esprit de suite; tout s'y règle sur le caprice du maître, et, comme il y a autant de caprices différents que de maîtres, chaque changement de règne amène une révolution dans les idées, et c'est être généreux que de parler de règne, car l'expérience a cent fois démontré que durant un même règne on a changé dix fois de système gouvernemental.

La Russie eut, plus que d'autres pays, de ces oscillations qui portent à faire et défaire, car il y eut toujours une passion dominante, la haine des étrangers. Ces brutes sentaient qu'elles n'étaient rien et se montraient toujours prêtes à exterminer les étrangers qui les conduisaient à la gloire. Ne vit-on pas même cette haine furieuse poursuivre, au nom de l'impératrice Anne, et persécuter pendant quatre-vingts ans la famille russe des Dolgorucki, et finir sa captivité en rassemblant, sur le même échafaud, pères, oncles, frères, fils et neveux, pour y être roués vifs ou décapités, les uns sous les yeux des autres, par un raffinement d'horrible cruauté. — Le crime de cette famille était d'avoir voulu le bien et la liberté de la Russie, d'avoir cherché à y faire prévaloir les idées européennes sur celles de l'infâme Biren. A quel degré d'abrutissement n'était pas descendu ce peuple pour se livrer à de telles cruautés ? On les renouvela, sous Élisabeth, à l'égard des plus illustres européens que le génie de Pierre Ier avait appelés autour de lui pour l'aider dans ses réformes et diriger ses armées.

Le règne d'Élisabeth est surtout remarquable comme offrant des types de servitude qu'on ne trouverait point ailleurs qu'en Moscovie ou chez des peuples tout à fait sauvages : c'était le bon temps des favoris ; ils obtenaient tout ce qu'ils voulaient, et surtout des actes de rigueur inouis. Les cachots ne désemplissaient pas ; tout ce qui était signalé comme partisan des idées nouvelles était en butte à mille tortures ; on en imagina une dont on n'avait pas eu d'exemple, même dans les temps de barbarie qui précédèrent l'avénement de Pierre Ier.

Voici en quoi elle consistait :

La czarine avait horreur du sang ; ses fidèles sujets s'évertuèrent donc à trouver des moyens d'exercer leur fureur sans en répandre ; pour tout concilier, ils attachaient leurs victimes sur des croix de bois et les lançaient aux fleuves qui les entraînaient jusqu'à la mer.

On alla plus loin, on donna à tous ces actes un caractère de légalité en créant une *inquisition d'État*, tribunal secret qui recevait les dénonciations, faisait arrêter les suspects et les envoyait dans ses cachots en attendant qu'on les envoyât à la mer Noire. Tous les événements de la plus affreuse tyrannie se développaient aussi régulièrement qu'on aurait pu faire pour établir de bonnes lois, et la czarine était adorée, parce qu'elle avait livré les étrangers au knout et à la Sibérie; parce qu'elle était superstitieuse jusqu'à l'absurde; parce qu'elle aimait et pratiquait les usages russes, et surtout parce que, malgré ses mœurs scandaleuses et malgré les crimes qu'on commettait en son nom, le conseil des prêtres, appelé maintenant *Saint-Synode*, s'était fait gloire de considérer la czarine comme chef de la religion. — Elisabeth détruisit ce que Pierre-le-Grand, son père, avait eu tant de peine à établir, et, tout à fait incapable d'exercer le despotisme qu'elle laissait établir au gré des vieux russes contre la Russie régénérée, elle laissa la puissance aux mains de ses favoris pour ne s'occuper que de pratiques religieuses, de sa toilette et de ses débauches.

Catherine II, aussi active qu'Elisabeth était indolente, plus ambitieuse et non moins voluptueuse, reprit l'œuvre de Pierre Ier, répara le mal politique sans songer au mal moral qu'elle aggrava peut-être; et les Russes, qui rendaient grâce à Elisabeth de n'avoir pas fait tomber leurs têtes, se soumirent à Catherine, quoiqu'elle ramenât le règne des étrangers contre lesquels le peuple avait montré tant de fureur.

Dans toutes ces alternatives de fanatisme et de civilisation, de clémence et de barbarie, le pouvoir absolu va toujours croissant; lui seul avance. Il arrive au point où tout doit lui céder en Russie, puisqu'il est conforme à l'instinct du peuple; mais où tout doit s'en effrayer au dehors des frontières, parce qu'il est vain, astucieux et méchamment agressif.

On peut juger par le sort de la Pologne de celui des nations que soumettrait la Russie. L'opinion du czar devenant celle de la nation, elle doit être aussi mobile que le sont les caractères des hommes. — Tout dépend du maître ou de ses favoris, cela explique les contradictions dans lesquelles tombe si souvent le pouvoir autocratique.

On comprend aisément la haine du despotisme russe contre les Polonais, quand on sait qu'un des principes de cette nation était qu'il *fallait brûler sa maison et errer les armes à la main plutôt que de se soumettre au pouvoir arbitraire;* quand on sait que la Pologne, république florissante et tranquille, riche en hommes d'État et de guerre, opposa longtemps une formidable barrière aux débordements des armées russes sur l'Europe occidentale ; et que, de son côté, le gouvernement moscovite profita toujours de l'agitation de la Pologne pour avancer, tantôt par l'intrigue et tantôt par la corruption ; ce qui créait incessamment des raisons de guerre pour les Russes et des explosions de haine et d'antipathie chez les Polonais. C'était un principe de gouvernement en Russie qu'on devait, tout en témoignant à la Pologne un intérêt officiel, travailler constamment à la diviser, en suivant ce vieil adage : « Il faut souffler dans la ruche pour mettre les abeilles en fureur et pour les écraser quand elles en sortent. »

La différence de religion était un grief de plus, et certainement le plus grave de tous, car il venait en aide aux czars pour animer la haine des soldats russes, d'autant plus irrités contre les catholiques qu'ils ne savent pas ce que c'est que le catholicisme, et qu'on le leur représente comme hostile à leur christianisme.

Maintenant, ce sont les Ottomans, ennemis des orthodoxes, qu'on livre plus particulièrement à l'animosité des Russes ; plus tard, ce seraient les Hongrois catholiques et de plus ennemis du despotisme ;— plus tard, les Français, qui entretiennent le foyer révolutionnaire d'où sortent, pour se répandre chez tous les peuples, les idées libérales, les séditions et les proscriptions des têtes couronnées. La haine de l'Europe est l'idée dominante de Nicolas Ier. Il a le pressentiment des efforts qu'elle fera pour anéantir sa tyrannie ; il s'en émeut ; il s'en plaint ; il s'en irrite ; il en perd la raison.

Que sort-il de ces faits, rapportés dans l'histoire de Russie, appréciés dans toutes les parties de l'Europe? Il en sort une nécessité absolue : celle d'arrêter, de punir l'ambition du czar, de la mettre hors d'état de s'étendre sur aucun territoire européen. Cette nécessité doit porter tous les peuples à examiner avec une sérieuse attention ce que peuvent la France et l'Angleterre, et surtout ce que peut la Russie.

La France et l'Angleterre ont, à elles deux, plus d'or, plus de vaisseaux, plus de canons que toute l'Europe, y compris la Russie. Elles ont moins d'hommes peut-être, mais elles ont autant de soldats, et leurs soldats sont pleins d'ardeur et de capacité.

La Russie appuie ses idées de conquête sur ses armées solides au feu, sachant mourir au poste, mais essentiellement dévastatrices, ce qui les rend d'autant moins redoutables qu'elles sont plus nombreuses. C'est là leur plaie, puisqu'elles périssent de misère et de maladie autant que par les combats. Cinquante mille hommes de la garde impériale, bien commandés, bien pourvus de tout, s'ils n'avaient devant eux que les troupes de la vieille Turquie, arriveraient plutôt à Constantinople que deux cent mille hommes formant une armée de médiocres soldats, mal nourris, mal vêtus, et plus avides de pillage que de gloire.

On eut longtemps des louanges pompeuses au service de la Russie, parce qu'elle était aussi grande que le reste des nations de l'Europe, parce qu'elle étalait plus de magnificence qu'aucune autre cour du monde. C'était louer le plus grand de ses malheurs, c'était voir sa force où se trouve sa faiblesse.—Qu'importe que la frontière soit d'un côté sur la Baltique, et de l'autre sur l'océan Pacifique, si, en dernière analyse, la plus grande partie de son territoire est sans hommes et sans produits, conséquemment sans impôts, sans chevaux, sans soldats. Ce qui fait la force d'une nation, c'est sa population, sa richesse, son industrie ; ce qui ne produit rien est plutôt un mal qu'un avantage. Les étangs, les lacs, les marais, sont souvent des causes de destruction, ce qui ne les empêche pas de faire partie du territoire. La Russie d'Europe a 5 millions de kilomètres carrés, l'empire chinois en compte près de 14 millions ; qu'est-ce que cela prouve ? La France et l'Angleterre continentale n'ont pas le dixième de l'étendue de cette puissance, cela les empêche-t-il d'être dix fois plus fortes que la Chine ?

Quant à l'administration de l'État, si l'on s'en rapportait à ce qui est écrit, on devrait croire qu'aucune nation ne possède autant de garanties d'une bonne administration que la Russie ; mais tout, en réalité, dépend de la volonté absolue du czar. Ni le conseil de l'empire, divisé en cinq départements ; ni le sénat, dont les fonctions sont aujourd'hui moins politiques que judiciaires ; ni le synode, chargé des affaires religieuses, ne prennent aucune décision que sous le bon plaisir de l'autocrate.

Ils sont soumis à une surveillance très-active, ce qui n'empêche pas que tout se fasse avec beaucoup de lenteur, surtout dans les provinces, où l'administration appartient à des gouverneurs généraux, à des gouverneurs civils, et à une police ombrageuse, qui va semant partout les obstacles et les soupçons.

La Russie est divisée en dix circonscriptions universitaires ; elle possède, en outre, un lycée, un gymnase, 1,067 écoles paroissiales et plusieurs écoles spéciales, ce qui fait que les établissements d'instruction publique comptent environ 500,000 jeunes gens et enfants. En France, où la population est d'environ moitié, les écoles primaires seulement contiennent plus de 3 millions d'élèves ; les écoles secondaires en contiennent environ 50,000 ; les élèves du clergé dépassent 120,000 ; — et la France n'est pas le pays de l'Europe où l'instruction soit le plus répandue. La Russie, avec ses immenses ressources, devrait avoir vingt fois autant d'élèves qu'elle en compte en ce moment ; mais le czar aime mieux les soldats que les hommes instruits et surtout que les demi-savants. — Le plus grand malheur de la Russie est l'ignorance de ses popes et protopopes (ses prêtres) ; mais à quoi bon de les instruire? Dans un pays où l'on ne permet ni la liberté d'examen, ni l'expression d'une pensée indépendante si elle n'est conforme à la volonté du czar, les ignorants suffisent; ils ont la première des qualités, l'obéissance.

Terminons cet aperçu par quelques observations sur l'état actuel de la civilisation en Russie; nous nous occuperons ensuite, dans deux chapitres spéciaux, de l'armée, de la marine, et de quelques autres points de comparaison avec la situation de l'empire ottoman.

C'est un sujet difficile et bien délicat à traiter dans un temps où l'esprit de parti malveillant remplace un engouement qui, naguère, faussait toutes les idées qu'on se faisait de la puissance moscovite. Il n'est permis à personne de ravaler les hommes et les choses, à l'effet de servir des passions politiques.—Nous n'admettons donc pas que le czar soit un homme sans portée, qui ne se soutient que par la terreur qu'il inspire;—nous repoussons des accusations fort rigoureuses contre son caractère vindicatif, nous nous taisons sur les exemples de corruption qu'il donne à ses peuples; sur ses amours, sur la manière dont il traite les maris dont les femmes ont le bonheur de lui plaire. Il y a probablement dans toutes ces imputations plus de choses fausses que de vraies, elles tiennent à la vie privée, elles ne sauraient être divulguées sans une grande inconvenance. Le czar est à cet égard dans la situation de beaucoup d'hommes qui, moins beaux, moins aimables, moins galants, moins magnifiques que lui, ne sont pas moins coupables de ces vices à la mode qu'on peut bien leur passer. On n'a jamais prétendu que François Ier, Henri IV, Louis XIV et tant d'autres, fussent déshonorés parce qu'ils étaient des époux adultères ou des séducteurs inconstants. Il fut un temps où, chez nous, comme en Russie, les mœurs tombaient à cet état de corruption, sans qu'on daignât s'en inquiéter; tolérons donc chez les autres ce que nous avons toléré chez nous à des époques qu'on appelle encore le bon temps.

Ce que nous disons du czar, nous le dirons des grands seigneurs russes; ils ont les mêmes qualités, les mêmes défauts que leur maître. Est-ce leur faute? est-ce celle de leurs dames? — Il ne faut pas se prononcer sur ce point délicat; il y a des individualités, mais point de règles générales; il y a aussi des exceptions, et c'est avec bonheur que nous constatons qu'il n'en est ni de plus belles, ni de plus nobles que celles qu'on trouve à la cour de Russie. Quelle distance entre Elisabeth, Catherine II et la compagne de Nicolas Ier? Toutes les dissolutions d'un côté, toutes les vertus de l'autre.

En général, les étrangers qui ont approché de cette cour splendide ont été enchantés des formes, des grâces, de l'aménité de l'impératrice et de ses deux filles, qui jettent un vif éclat sur cette grande et belle famille. Tous s'accordent, même ceux qui traitent avec rigueur le despotisme du czar, pour reconnaître qu'il a de la grandeur dans les idées; que les monuments qu'il élève en sont empreints, que son système politique même, décèle un homme profondément habile. On peut accorder tout cela; qu'on le compare à Louis XI, à Richelieu, à Pierre-le-Grand, nous ne réclamerons pas. Nicolas Ier peut jeter sur son règne un grand éclat, mais qu'a-t-il fait pour le bonheur de l'humanité et pour la civilisation de ses peuples? Comment accomplit-il la haute mission que Pierre-le-Grand lui a donnée, qu'Alexandre a entreprise, que sa faiblesse a abandonnée?... C'était de ce côté qu'un homme plein de vigueur, d'aptitude au travail et d'une volonté de fer, devait porter la vue. L'ascendant que son port, sa voix, sa résolution, lui ont donné sur tout ce qui l'entoure et sur les peuplades les plus éloignées de son trône, lui aurait assuré le succès le plus glorieux. Il pouvait égaler Pierre Ier en courage et le surpasser par ses œuvres civilisatrices; il pouvait, grâce à la couardise de l'Europe, élever son peuple au point où il éleva son armée; il pouvait se faire des Polonais des auxiliaires puissants, il s'en fit des ennemis acharnés; ils se révoltèrent, il devint leur bourreau.

Son frère Constantin s'est noblement vengé de son expulsion du trône de Russie en occupant dignement le trône de Pologne, en conquérant l'amour des Polonais, en prenant ce peuple, si brave, si fier, si généreux, par son côté faible, la gloire; — et, si le choléra n'était venu le punir de ces mots heureux : « *Jamais les Russes ne vaincront mes Polonais,* » il en eût fait pour la Russie un rempart vivant au lieu d'en faire un foyer d'insurrection. La responsabilité de la perte de la Pologne appartient tout entière aux rigueurs de Nicolas. Il a, de gaîté de cœur, rayé de sa main plus de 200,000 hommes des cadres de son armée; il a distrait de ses forces plus de 100,000 Russes pour garder les débris de la nation polonaise; c'est pour lui une différence de 300,000 soldats, et quels soldats, s'il avait su les prendre! Mais ce qui sera une cause éternelle de reproches, c'est qu'il fait tout pour abrutir la partie civilisée de son empire, au lieu de l'employer à la civilisation des peuplades que Pierre-le-Grand voulait assimiler aux nations européennes.

Nicolas, moins avide des glorioles de la suprême puissance, pouvait ce qu'a pu Constantin ; si, se confiant à la foi polonaise, il eût traité en ami les officiers polonais, il pouvait donner à son armée une organisation qui lui manque, et, dans quelques années, il eût pris, en Europe, un rang que ne lui donneront jamais ni sa rigueur, ni la dénationalisation d'un peuple qui vivra malgré lui et plus que lui.

Le succès des entreprises de Nicolas a complété son enivrement. On serait tenté de croire que l'Europe attentive et craintive consentit à le laisser dépasser toutes les limites du pouvoir, afin de l'affaiblir par les excès qu'il en ferait. Riche en astuce, pauvre de prévoyance, il perd depuis deux ans plus qu'il n'a gagné durant vingt-cinq ans de règne. Telles sont toujours l'habileté, les fautes d'un despotisme arrivé à son apogée.

Le czar Nicolas touche à sa fin, son grand empire chancelle, et cependant, ses adorateurs le poussent aux combats ; il leur faut encore des titres, des décorations, des terres, des esclaves; ils exploitent sa vanité, sa soif insatiable de domination ; un bon conseil conduirait en Sibérie, les plus mauvais ouvrent le chemin de la fortune: et qui punit-on de tant de fautes ou de tant d'erreurs? un peuple innocent qu'on fanatise, un peuple voisin endormi, auquel on apprend comment on doit se défendre et peut-être aussi comment on peut se venger; ce n'était point assez des leçons de la Baltique et de la mer Noire; la perte de Silistrie compensera la ruine d'Odessa; on passera les Balkans, on réduira Andrinople — et après? après on s'en retournera comme de coutume, et il restera de tout cela beaucoup de désastres, de la honte et du sang.

Voilà quelle sera l'issue de cette guerre fanatique, en supposant que la fortune se déclare pour la Russie; dans le cas contraire, qui pourrait entrevoir les complications qui surviendraient? et que feraient la France et l'Angleterre, si les Russes étaient forcés par les Ottomans d'évacuer les principautés, et s'il prenait au sultan la fantaisie d'occuper la Crimée comme dépositaire et comme ancien propriétaire, et s'il demandait la Tauride, Odessa, Cherson, comme nouvelle garantie de l'exécution des traités à venir, qui probablement ne ressembleront guère aux anciens?

Ces diverses questions ont une gravité à laquelle le czar de toutes les Russies n'avait probablement pas songé. Il en est une autre qui n'en a pas moins. Celle de savoir ce que feront les négociants, les financiers, tant que durera le blocus des ports de la Russie; ce que feront les producteurs de blé, de bestiaux, qui vivent de la vente de leurs produits. A-t-on des moyens de réparer leurs pertes? Comment paieront-ils leurs impôts, et, sans impôts, comment alimenter la guerre?

La Russie compte sur l'Autriche; elle est sûre de la Prusse, et cependant ces deux puissances refusent de s'engager dans les éventualités terribles qu'a soulevées le czar. Elles s'entendent pour garantir leurs possessions; elles inclinent maintenant vers l'alliance occidentale. Leur langage tient de l'embarras de leur position ; mais la Russie doit s'apercevoir d'une neutralité pleine de soupçons et d'hostilité. La Suède aussi s'apprête à rentrer en ligne; elle a de vieux outrages à laver, une Finlande à recouvrer, province chérie des Suédois, objet de leurs regrets, diamant constitutionnel qui brille encore malgré le despotisme qui cherche à le ternir. Pour rendre la Finlande à la Suède, il suffirait d'un mot, car elle y a laissé son cœur, et si son bras appartient à la Russie, c'est encore un bras finlandais prêt à relever le drapeau de Finlande. Mais que de complications, que de dangers pour la Suède elle-même !

De tous les points vulnérables de la Russie, il n'en est pas qui le soient plus que les rivages désolés de la Vistule. Les puissances occidentales ne songeaient assurément pas au soulèvement de la Pologne, mais en guerre comme en guerre; ces puissances ne songeaient pas non plus au soulèvement de la Grèce ; ce soulèvement, excité par les agents de la Russie, est un acte d'hostilité contre elles; il ne peut donc plus y avoir d'hésitation sur ce qu'on doit faire en Pologne, elle n'attend qu'un mot, *en avant*, qu'une chose, *des armes.* C'est, dit-on, un grand malheur pour l'Europe, parce qu'on ne sait jusqu'où s'étendra cette conflagration ! Cela est vrai ; cela devrait arrêter l'explosion, si le triomphe de l'astuce et de l'iniquité n'était pas un malheur plus grand encore.

CHAPITRE Ier.

DES FORCES POLITIQUES ET RELIGIEUSES DE LA RUSSIE.

La Russie n'est point une nation, car elle n'a ni souvenirs, ni esprit public, ni patriotisme. Elle est une collection de vaincus réunis sous un même sceptre, courbés sous un même joug, abrutis sous la même terreur, mus par une seule pensée, celle de l'obéissance.

Elle n'a qu'un but, l'abrutissement des autres nations, et c'est dans ce but que Pierre-le-Grand et ses successeurs l'ont organisée en colonies militaires, en camps retranchés, qui permettent, dit-on, de porter sur un point donné plus de soldats qu'aucune nation du monde. Cette situation de la Russie est-elle une cause de force ou bien une cause de faiblesse? Cette question mériterait bien un examen sérieux dégagé de tout esprit de parti, mais aussi de toute timidité, dans un moment où le czar entre en campagne pour tenter la conquête des Dardanelles et de la Méditerranée. La solution définitive est maintenant du domaine des faits ; elle va bientôt se décider sous les murs de Constantinople, et si le czar ne vient pas planter son drapeau sur les Dardanelles, après avoir si bien pris ses mesures, si bien fomenté des séditions en Grèce, en Servie, si bien envahi, sans tirer un coup de fusil, les provinces de la Turquie, on sera bien obligé de reconnaître qu'il en est des forces de l'armée russe comme de la diplomatie russe, comme de la religion russe, comme de la civilisation russe, où tout est empreint d'astuce, de forfanterie et d'imposture.

Quant à la force politique, celle qui naît des actes et de la prépondérance que donnent de grands succès, la Russie est singulièrement déchue depuis quelques années, et les actes diplomatiques de 1844 et 1853 l'ont fait descendre si bas, qu'on ne trouve plus guère en parlant d'elle que des termes d'indignation et de mépris. Elle cherche, mais en vain, à regagner le terrain qu'elle a perdu : ses efforts mêmes décèlent l'embarras où elle se trouve; ils décèlent aussi le peu de confiance qui lui reste. Elle commence à comprendre que l'entêtement n'est point une force; qu'elle a été beaucoup trop loin, et qu'elle se livre à un jeu où plus d'un czar aurait engagé sa tête. Nicolas Ier s'appuie sur le vieux parti russe; c'est probablement à cette circonstance qu'il doit d'être encore debout. Plus un sénat est servile, plus il est prêt à lancer sa chaîne contre celui qui la lui imposa. Tout tremble, tout craque autour du czar; il manque donc de cette puissance d'opinion qu'il considérait comme un moyen d'envahir la Turquie et de dominer ensuite les puissances occidentales.

Sous le rapport de cette autre force morale qui centuple celle des armées civilisées, la Russie a beaucoup perdu depuis qu'on l'a suivie dans la campagne de Turquie, en 1828, et dans sa lutte avec l'insurrection polonaise; depuis qu'on a reconnu que ses armées, mal administrées, ne sont jamais, en ligne, que la moitié de ce qu'elles sont au départ.

Sous le rapport de la force religieuse que l'on cherche à développer, dans les grandes occasions, comme un des moyens de lutter avec succès contre les Turcs, la Russie perd également chaque jour un peu de son prestige, parce que les peuplades qui composent ce grand tout, n'ayant aucun principe religieux, ne peuvent avoir cette espèce de fanatisme qui supplée à l'honneur, à l'amour de la patrie. Ce qui manque aux armées du czar est-il remplacé par leur obéissance passive, par leur discipline, par l'idée que leur chef a de leur supériorité, idée qu'on exalte partout avec une sorte de fanatisme? c'est ce que nous ne pensons pas, ce que personne ne pense aujourd'hui. Cette question a été si souvent examinée, si diversement décidée, qu'il serait hors de propos de l'examiner encore. Mais l'épreuve est commencée ; l'heure de la justice arrive ; les armées russes sont rangées, toujours pleines d'ardeur, elles manquent cependant de ce feu sacré qui électrise les généraux et qui double la valeur des soldats; elles manquent de cette confiance en elles-mêmes, qui fit autrefois leur succès. Ainsi abandonné de toutes ces circonstances morales qui soutiennent les empires dans les grandes crises, le czar ne peut compter que sur la force brutale, sur les ravages et sur les incendies, comme en 1812. Mais il est bien aveugle s'il se figure encore qu'une armée turque, soutenue par les flottes et les armées de France et d'Angleterre, sera détruite comme celles qui lui furent autrefois opposées. Plus il aura de bataillons et d'escadrons sur le Danube, plus ses désastres seront grands. — Arrêtons-nous ici.

Nous analyserons, dans un moment, cette force militaire dont on s'effraye avec tant de raison quand elle marche d'accord avec la Prusse, l'Autriche et l'Angleterre; mais qui, fût-elle décuplée maintenant, ne garantirait pas le czar des échecs et des humiliations qui lui sont réservés.

Nous parlions, il y a un instant, de la force religieuse sous le rapport de l'armée. — Il faut aussi s'en occuper sous le rapport civil, et c'est là que se fait sentir le vide que laisse dans les nations une prétendue religion qui consiste en formules, en démonstrations extérieures qui s'appliqueraient aussi bien aux cultes idolâtres qu'au culte orthodoxe de Russie. — Le czar est un patriarche, ou plutôt il est un véritable pape orthodoxe, mais un pape cumulant la tyrannie avec le pouvoir religieux ; je ne puis me résigner à dire le pouvoir spirituel, car il n'existe point en Russie. Si l'autocrate du Nord était véritablement chrétien, il comprendrait autrement ses droits et ses devoirs. Au lieu de conversions brutales, d'un culte forcé, il attendrait la conversion par la lumière, par la douceur, par l'étude, par la pureté de mœurs. Au lieu de redouter la parole divine prêchant la liberté, l'égalité, la soumission aux puissances de ce monde, il applaudirait aux efforts des patriarches pour faire pénétrer les convictions morales dans les cœurs qu'on abrutit par le fanatisme. Il comprendrait que les schismes ont été les premières causes des succès de Mahomet, et qu'il n'eût pas triomphé d'une église fortifiée dans son unité; que le culte séparé de la morale évangélique cesse d'être un culte chrétien;—que le christianisme, infusé dans le pouvoir despotique, n'est plus rien qu'un instrument, un moyen de transformer le czar en divinité pour les serfs et pour les esclaves dorés qui l'entourent; que son impeccabilité posée en principe, comme article de foi, n'est qu'une imposture; — que les conversions forcées sont moins un retour vers Dieu qu'un hommage à la tyrannie de celui qui les impose; — que, soit qu'on les considère comme effet ou comme cause, elles dégradent ceux qui s'y soumettent comme celui qui les ordonne; qu'aucune nation civilisée ne peut admettre une foi sans instruction, sans conviction, une foi menteuse, unique effet de la terreur ou de l'obéissance; — qu'ainsi l'orthodoxie n'est ni dogme, ni religion; qu'elle n'est qu'un schisme, en attendant qu'on la qualifie d'absurdité.

Mais, dira-t-on peut-être, vous traitez cette question au point de vue catholique, vous confondez deux religions très-différentes dans leurs dogmes, quoique semblables dans leur principe. C'est une erreur; je ne vois à Rome, comme en Orient, qu'une seule et grande chose : le christianisme, et je ne m'éleverais pas contre l'orthodoxie russe si elle n'était l'antipode de l'orthodoxie orientale, la seule, entendons-le bien, qui ait conservé le titre de religion.

On ne peut sans doute faire un crime aux Russes de l'ignorance de leur pope et de leur protopope, de l'anéantissement systématique et tout politique des patriarches, des archevêques, des évêques, des archimandrites pliés sous le joug du czar, et tous forcés de faire prévaloir sur les Écritures la volonté de patriarche coiffé du casque et couvert de la cuirasse. — Il importe peu à la civilisation, au bonheur de l'espèce humaine, que l'église russe adopte tel ou tel système de gouvernement intérieur, que ses popes soient élus ou nommés, que ses métropolitains, ses archevêques, ses évêques soient hommes de cour plutôt qu'hommes d'église; quand le czar est patriarche, quand le synode est à sa discrétion, on peut admettre que tous les dignitaires soient des variétés de courtisans; mais ce qui importe, c'est que les peuples soient instruits, dirigés vers la croyance, vers le bonheur céleste, et non pas abrutis, au nom de Dieu, sous la volonté despotique parlant au nom d'une religion pliée à toutes les nécessités de la politique.

Peut-on rien imaginer de plus fort contre le système moscovite, que ce qui se passe à Constantinople dans l'élection des patriarches et des autres dignitaires de l'église orientale?... Pour un état infiniment moins étendu que la Russie, il y a quatre patriarches, élus sous les yeux des Turcs; l'un à Constantinople, l'autre à Jérusalem, l'autre à Antioche et le quatrième à Alexandrie. Tous sont choisis parmi les dignitaires de l'église grecque, tous sont protégés du sultan, tous remplissent leurs fonctions avec la plus entière liberté et tous règlent avec indépendance les intérêts des chrétiens, dont ils sont à la fois juges civils et juges ecclésiastiques. Cela existe depuis des siècles. La Russie, en recevant des Grecs exilés les principes de la religion orientale, avait adopté leur hiérarchie. Pourquoi donc les czars ont-ils détruit cette organisation honorée, même en Turquie, si ce n'est pour dominer, pour étouffer la religion, pour l'asservir à leurs passions politiques, pour la transformer en superstition, parce que la superstition est l'alliée naturelle du despotisme, tandis que la religion chrétienne en est l'éternelle ennemie. — Répétons-le donc en terminant : non, la Russie, telle qu'elle est constituée, n'est point une nation; non, l'orthodoxie russe n'est point une religion.

CHAPITRE II.

DES FORCES MILITAIRES DE LA RUSSIE.

S'il s'agissait de renouveler l'invasion de 1812, le czar, malgré ses intrigues en Grèce et en Allemagne, devrait, peut-être, s'effrayer de la guerre qu'il a si inconsidérément provoquée; car le premier effet de la guerre serait le soulèvement de la Pologne entière, celui de la Finlande et une énorme recrudescence belliqueuse dans les provinces du Caucase. Quel que soit le nombre de ses soldats, il lui serait bien difficile de faire face à tant d'ennemis l'attaquant à la fois dans ses provinces et dans les deux mers sur lesquelles il a tant compté pour vaincre au midi et pour contenir au nord des neutralités suspectes; mais les périls qui menacent la Russie sont d'une autre nature; les puissances occidentales ne songent point à de telles entreprises; elles se garderont de s'enfoncer dans les déserts; elles resteront maîtresses des mers et de leur littoral, c'est là qu'elles ont des chances de succès, ou tout au moins des moyens d'affaiblir l'ennemi commun et de le contraindre à l'abandon de ses desseins contre l'Europe.

Que la Turquie triomphe, et la Russie est démembrée. On le peut, il suffit de le vouloir : les principautés affranchies lui reviendraient déchargées de la protection moscovite; l'espoir de rentrer en Crimée lui serait permis; Sinope détruit pourrait être remplacé par Sébastopol, et, ce qui vaudrait mieux encore, le sultan pourrait amener à bien ses projets de civilisation avec calme et maturité.

Le czar ne le veut pas;—le czar ne le souffrira pas; tel est encore son langage. Il faut certes qu'il ait une idée bien exagérée de sa puissance pour oser le tenir en présence de cinq escadres menaçant tous ses établissements de la Baltique et de la mer Noire, en présence de trois armées dignes de se mesurer avec celles dont il est si fier. Tâchons donc de pénétrer le mystère des forces qu'il peut nous opposer, car ce sont celles-là seulement qui doivent concourir au dénouement de cette crise provoquée avec tant d'imprudence.

La Russie lèverait un million d'hommes, qu'elle n'en serait que plus à plaindre; car elle ne pourrait ni les équiper, ni les nourrir, ni les dresser, ni les faire commander. Nous ne devons donc pas nous préoccuper des levées nouvelles, mais seulement de troupes formées et susceptibles d'entrer immédiatement en ligne.

On s'exagère beaucoup, en France et en Angleterre, la difficulté de soutenir nos régiments par l'envoi de nouveaux bataillons; elle est grande, sans doute, mais la distance que nous avons à parcourir n'est pas plus longue que celle qui sépare le Danube de Saint-Pétersbourg et de Moscou, et nous avons sur le czar l'avantage de conduire, où nous le voulons, des régiments intacts tandis qu'il ne peut en faire marcher qu'en les décimant par la fatigue, les maladies et la désertion; — c'est là un point capital, auquel on ne s'arrête pas assez et que les gouvernements de France et d'Angleterre ont pris en grande considération. 200,000 Russes, mis en campagne, sont diminués de moitié quand ils arrivent sur le champ de bataille; sur 100,000 Ottomans, il n'en manque pas un vingtième; sur 100,000 occidentaux, tous hommes choisis, il en manquera encore moins. L'expérience est là pour attester ce fait. — Il faudrait donc à la Russie 400,000 hommes pour balancer les forces qui lui sont opposées. Est-elle en mesure pour cela? c'est ce dont il est permis de douter.

Sa principale force est dans la garde impériale, qu'on porte à 40,000 hommes d'infanterie, 15,000 de cavalerie et 200 pièces de canons. Admettons cela comme exact, et tirons hors ligne.............. 55,000

L'infanterie de ligne.................. 288,000

Tirailleurs....................... 6,000

Sapeurs-mineurs.. 60,000

Grenadiers....................... 49,000

458,000

Cavalerie, 74 régiments de 1,440 hommes. 106,000

Artillerie et génie : personnel.......... 55,000

50 batteries ou 400 pièces...... 400

165 batteries de campagne........ 720

Nombre de pièces... 1,120

Nombre d'hommes............. 619,000

C'est l'état militaire le plus imposant de l'Europe et peut-être le mieux discipliné. Il faut ajouter à ce chiffre les corps de réserve et les corps irréguliers tirés des colonies militaires, que les uns portent à 200,000 hommes, les autres à 360,000, tant en infanterie que cavalerie. Rien à cet égard n'est certain : les partisans de la Russie ne doutent pas que son effectif total ne dépasse 989,000 hommes de toute arme; des esprits observateurs s'arrêtent au chiffre de 700,000 hommes, et ce chiffre est sans doute encore exagéré; car, en 1812, la grande armée russe, se repliant sur elle-même, dans son propre pays, n'avait réuni, à la bataille de la Moscowa, que 140,000 hommes, et s'il est une occasion où il eût été nécessaire de réunir toutes ses forces, c'était assurément celle d'une invasion aussi formidable que celle qui marchait droit sur la capitale de l'empire.

La Russie avait alors 50,000 hommes sur les frontières de la Turquie; ils furent disponibles après la paix faite avec cette puissance; ils rejoignirent l'armée qui marchait sur Paris, et cependant il n'y avait en ligne, à la bataille de Bautzen, que 68,000 Russes, qui s'y laissèrent écraser par l'armée française nouvellement organisée et composée en très-grande partie de conscrits et de gardes nationaux mobilisés.

On doit sans doute faire la part des difficultés qui s'opposèrent à la marche des troupes; déduire les pertes faites à la bataille de la Moscowa; mais si l'on est obligé de s'arrêter à ces considérations quand il s'agit d'une armée victorieuse, que serait-ce donc en cas d'une défaite, si, avec ses 7 à 800,000 hommes disponibles, le czar ne peut en mettre en ligne plus de 140,000, parce que l'étendue de son empire l'oblige à disséminer ses forces? N'est-il pas vrai que cette dissémination est plus nécessaire que jamais quand il lui faut défendre en même temps le littoral de la Baltique et celui de la mer Noire et conserver ses réserves pour maintenir la Pologne, et peut-être la Finlande, qui aspire depuis longtemps à secouer le joug de plomb qui l'étouffe.

Nous ne parlons ni de l'armée d'Asie, ni de celle du Caucase, car elles se composent de ce qu'on appelle en Russie des corps locaux; mais les circonstances nouvelles dans lesquelles se trouve l'audacieux Schamyl lui inspireront, à coup sûr, l'idée de nouvelles entreprises : le czar s'y attend, il y a pourvu. Reste à savoir si les renforts envoyés suffiront pour arrêter les montagnards, et si, devenus vainqueurs, les pays incorporés de force à la Russie ne se soulèveront pas de nouveau.

De quelque côté que se portent nos regards sur le théâtre de la guerre, on ne voit partout que des périls pour celui qui a levé le bouclier. Une bataille perdue peut livrer Saint-Pétersbourg aux flottes combinées,—une bataille gagnée ne peut délivrer le czar d'un ennemi expérimenté qui n'a à courir que les chances d'un embarquement en attendant des renforts, et tant que durera cette attente, les flottes peuvent détruire Revel, Cronstadt, au nord ; Odessa, Azof et Sébastopol, au midi.

CHAPITRE III.

DE LA MARINE DE LA RUSSIE.

Si, du moins, les parties belligérantes combattaient avec des forces égales sur les deux mers, la Russie pourrait encore concevoir quelque espérance, car elle a de magnifiques établissements maritimes qui mettraient ses vaisseaux à l'abri des atteintes des armées navales; mais ses escadres, excellentes pour imposer à la Turquie, à la Suède; excellentes pour un coup de main militaire, sont réduites à se cacher derrière leurs fortifications, et ce qui devait tourner à la gloire de l'autocrate, ne fait qu'ajouter à sa confusion. Que de millions dépensés pour préparer l'asservissement des nations voisines, peuvent d'un moment à l'autre tomber dans les mains des puissances occidentales! Que de constructions, armées de canons formidables, peuvent être réduites en poussière par les flottes qu'on appelle aux combats. Dans l'état actuel des choses, faire l'énumération des forces maritimes de la Russie, décrire les forts, les bastions que l'ambition des czars se plut à élever sur des points réputés inaccessibles, c'est rendre hommage à la prévoyance de Pierre Ier et constater l'imprévoyance de son successeur. Nous le ferons en peu de mots, car aujourd'hui qu'on n'a pu ni tromper, ni gagner l'Angleterre, c'est dans l'intérêt de sa gloire que ces vaisseaux, ces forteresses, ces batteries formidables, sont réduits au néant. Il lui a suffi de se montrer pour prouver au monde combien sont impuissants les efforts d'un despote quand il lutte avec des gouvernements libres. Les armées navales de la Russie ne se sont encore mesurées qu'avec celles de la Turquie ; chacun connaît ses lauriers de Navarin, nul n'en est jaloux ; l'Angleterre et la France rougissent même d'avoir été ses auxiliaires. Chacun connaît le désastre de Sinope, la Russie seule en répondra devant l'histoire et la postérité : eh bien, hors de là, les marins russes sont inconnus. Le moment est venu de prouver ce qu'ils sont. Le nombre en est respectable : 40 vaisseaux de ligne, 37 frégates, des corvettes, des bricks, des vapeurs, montés par plus de 70,000 hommes, sembleraient indiquer une lutte formidable. Comment se fait-il donc qu'ils laissent en paix les escadres occidentales ?

Ces flottes forment deux divisions ; l'une, dans la Baltique, se compose de 28 vaisseaux de ligne et 18 frégates, que font-ils ? L'autre se compose de 16 vaisseaux de hauts bords, 12 frégates et autres moins importants, qu'ont-ils fait jusqu'à ce jour ? Ils ont brûlé, avant toute déclaration de guerre, une flottille imprudemment embossée dans un port sans défense. S'en tiendront-ils à cet exploit ? Le grand-amiral Menschikoff, qui a si bien préparé la crise où se trouve l'Europe, qui a si héroïquement promis à son maître de vaincre ou de mourir jusqu'au dernier, attend-il donc que toutes les forces alliées soient réunies dans la mer Noire, afin de recueillir plus de gloire en les forçant d'en sortir. Il y a dans tant de prudence quelque chose qui trahit la faiblesse, qui contraste avec les paroles du czar : il devait combattre jusqu'à son dernier homme et son dernier fusil, plutôt que de souffrir l'occupation de Constantinople par des Français ou des Anglais. Le moment est venu d'accorder les faits avec les paroles.

CHAPITRE IV.

DE L'INCOMPATIBILITÉ ENTRE LES DEUX PUISSANCES RUSSE ET OTTOMANE.

Le principe de la politique russe à l'égard de la Turquie est le même que celui de Caton à l'égard de Carthage. *Delenda est* se trouve plus ou moins expressément écrit dans tous les actes émanés du gouvernement et surtout de l'autocrate. Pierre Ier a dit : *C'est à Constantinople qu'est l'empire du monde.* Il a recommandé à ses successeurs de tendre toutes leurs vues de ce côté, et tous se sont écriés : *Delenda est.* Ne nous occupons ni des attaques incessantes de Catherine, ni des convoitises d'Alexandre, ni de l'inimitié de Nicolas, envenimée par l'exaltation religieuse.

Les Grecs ont été assez naïfs pour croire qu'en travaillant à leur indépendance, le czar avait pour objet la renaissance des beaux jours d'Athènes ou de Byzance. Il n'y a jamais songé; son unique objet était d'affaiblir la Turquie en rendant plus difficile le recrutement de ses flottes et en la privant d'une partie notable de sa population et de ses ressources financières. La France et l'Angleterre pensaient que la création d'un royaume grec calmerait la fermentation qui agitait constamment une partie de la Turquie et que le sultan serait plus libre de ses mouvements et plus fort quoique privé de cette partie de ses États. — Les Hellènes voyaient les choses avec plus d'enthousiasme; ils se figuraient qu'un traité d'émancipation ferait sortir du sol de la Grèce des Lycurgue et des Périclès, il n'en sortit que les vices qu'on reprochait à leurs aïeux, la vanité, la jalousie, la fourberie. Pas une idée généreuse, pas même l'indice de la moindre reconnaissance; et quand, dans un moment solennel, ils voient la France et l'Angleterre s'efforçant de contenir l'ambitions de la Russie, les Grecs, entraînés par les corruptions de la Russie, se séparent des puissances occidentales, suscitent des embarras à la Porte Ottomane, comme s'ils étaient les alliés secrets de la Russie. — Ils doivent éprouver quelque confusion d'avoir agi contre leurs bienfaiteurs, contre ceux qui les ont sauvés et qui tiennent encore leurs destinées dans leurs mains, maintenant qu'ils savent que l'autocrate n'en veut ni pour voisins ni pour amis, et qu'il ne permettra jamais aucune extension de territoire qui put faire de la Grèce un état puissant. Tout le monde a donc été trompé; tout le monde sait très-bien aussi que le czar veut être maître absolu de Constantinople, et que tout ce qu'il attend des Grecs, ce sont des révoltes permanentes, afin que le sultan soit obligé de disséminer ses forces et de faire beau jeu à son puissant et astucieux ennemi.

Le dernier mot de la politique russe est évidemment

celui-ci : Je ne veux rien à Constantinople que moi ou l'un de mes lieutenants. Celui des puissances occidentales est, au contraire, il faut à Constantinople un contrepoids que ne puisse enlever la Russie. Le complément de la civilisation de l'Europe est à Constantinople ; — il faut qu'il y ait analogie, fraternité entre toutes les provinces de Turquie et celles de France et d'Angleterre. Pour que l'Occident puisse jouir des produits orientaux, il faut que l'Orient sente le besoin des produits de l'Occident. Ce n'est que de cette manière qu'ils se rendront réciproquement utiles l'un pour l'autre. — L'orthodoxie n'est autre chose qu'un moyen politique; le schisme russe n'intéresse ni l'âme ni les corps des sujets russes; il n'intéresse que l'autocratie ; or, les deux puissances qui sont à la tête de la croisade de 1854 ne veulent s'occuper de la Russie que pour la contenir dans ses limites. Il faut pour arriver à leur but, que ces puissances trouvent un point solide en Orient, que l'Orient soit sauvé par l'Orient et pour l'Orient, et il ne peut être sauvé qu'en important en Orient, la force, l'amitié, les modifications qui assimileront l'Orient à l'Occident ; — c'est à ce prix qu'est le succès pour le sultan. Le premier pas est fait depuis longtemps, les obstacles qu'il a trouvés ont été vaincus, ceux qui se présentent encore le seront aussi ; le czar le sait bien, c'est la cause principale de son agression contre la Turquie.

Il ne faut pas s'en étonner. Il déteste en son adversaire une puissance qui veut renaître ; il déteste les concessions obtenues pour tous les chrétiens, parce que ce point réglé et la Turquie admise au congrès européen, le czar ne voit plus sous quel prétexte il pourrait attaquer la Turquie, ni comment il pourrait la vaincre; mieux vaudrait pour lui qu'on exterminât les chrétiens que de les priver de sa protection.

La Russie veut être prépondérante sur terre et sur mer; elle travaille à l'établissement de sa suprématie depuis 150 ans, il serait donc vraiment trop dur qu'elle fût obligée de plier au moment même où elle devait toucher le juste prix de tant d'efforts, de ruses, d'intrigues et de honteuses perfidies.

Il est évident, en effet, que posséder les bouches du Danube et les heureux rivages de la mer Noire, sans posséder Constantinople, comme entrepôt du commerce, et les Dardanelles, comme la clé de la Méditerranée, c'est être à la discrétion de la Turquie, qu'on ne trouve plus si caduque quand on la voit entrer dans le congrès européen, appuyée sur la France et sur l'Angleterre. Ce qu'il y a de plus cruel dans cette situation critique, est moins encore de ne pouvoir en sortir sans étrivières, que de se l'être faite sans nécessité de sa pleine puissance autocratique. Sous quelque rapport, enfin, que l'on considère les deux grandes puissances orientales, il est impossible qu'elles puissent vivre en bonne intelligence sous la médiation des puissances occidentales.

CHAPITRE V.

DES ENVAHISSEMENTS COMMIS SUR LA TURQUIE.

Les États d'Europe et des diverses parties du monde ont été constitués ou étendus par la conquête ou par le consentement de peuples qui, mécontents de leur sort, se sont annexés à des empires puissants et prospères, dans l'espérance d'en être protégés et de jouir de leur prospérité; cela n'a pas besoin d'être prouvé, c'est dans la nature des choses, c'est même indépendant de toute civilisation. Le droit des gens, le droit de la guerre autorisent les adjonctions forcées, aussi bien que les adjonctions volontaires; mais ils y mettent un terme et une condition : le terme, c'est le droit d'autrui; la condition, c'est celle d'exécuter les promesses contractées.

La Russie se croit apparemment au-dessus du droit, et son despotisme affecte un mépris constant pour toutes ses obligations; et, de plus, chaque fois qu'elle viole ses promesses, son usage est de présenter la violation comme un respect du droit et d'accuser celui qu'elle attaque de sa propre violation. Qu'on prenne, les uns après les autres, les traités imposés à la Turquie depuis Pierre-le-Grand jusqu'à nos jours, on y verra toujours deux choses se renouveler selon les caprices de la Russie, *l'agression et la spoliation*. — L'agression conçue, exécutée avec ou sans le consentement du gouvernement, — quelquefois malgré lui, quelquefois de concert, en secret, mais sans ordres officiels, de manière à tirer parti de l'agression sans avoir permis de s'y livrer ; on remarquera encore que, quel qu'ait été l'auteur de l'agression, la spoliation suffisait pour la justifier, et la spoliation faite au profit de l'État couvrait toutes les exactions faites au profit de celui qui avait *remporté la victoire*, et qui avait accru la gloire de la puissance de l'empire.

On ne trouvera nulle part une preuve plus claire de ce système que dans la conquête de l'Ukraine et de la Crimée ; nous ne parlerons ici que de cette dernière, l'autre ne se rattachant pas aux envahissements commis sur la Turquie.

Il y avait, en 1781, à la cour de Russie, parmi les beaux cavaliers qui se disputaient la couche de Catherine et qui étaient tantôt admis, tantôt rejetés, un Grégoire Potemkin, qui se faisait remarquer par toute sorte d'extravagances, dans le but de persuader la czarine qu'il avait pour elle un amour extraordinaire. La place était prise, elle pouvait l'être par d'autres avant lui, mais ferme à son rang, comme un soldat dans le sien au moment du combat, il fit tant et si bien qu'il finit par obtenir son tour. Rien n'était plus mobile que son caractère, tantôt doux, insinuant, câlin, comme un flatteur de profession; tantôt hautain, insolent, grossier, comme un matamore; tantôt sale comme un Kalmouk; tantôt coquet et recherché, couvert de clinquants, fanfaron comme un marquis de la cour de Louis XV. — Deux passions le dominaient, l'ostentation et la rapacité. Il ne se faisait pas plus de scrupule de piller le trésor public que les villes des vaincus; dévot comme un moine, libertin comme un Richelieu, sauf la grâce et la séduction des formes, il n'était pas plus fidèle à Catherine qu'il ne l'eût été à une vivandière, pas plus scrupuleux dans l'exercice de ses fonctions que dans ses procédés avec les femmes; dur, indulgent, mou, féroce tour à tour; aux accusations d'incapacité qu'on portait contre lui, il répondait par des coups de génie qui étonnaient la czarine. Elle le toléra plutôt qu'elle ne l'aima; elle ne tarda pas à s'en lasser, et, pour convoler à de nouvelles noces, elle l'exila vers les champs de lauriers où d'autres s'étaient déjà illustrés. Elle le chargea de soumettre la Crimée, et, pour que la conquête fut prompte, elle fit précéder l'ordre de vaincre par un ukase qui annexait cette province à l'empire.

Potemkin partit; les chefs Tatars étaient achetés d'avance par des agents secrets, leurs peuplades furent vaincues; mais elles se révoltèrent bientôt. Il fallait du sang et des lauriers, on extermina tout, guerriers, femmes, enfants, puis, l'héroïque Potemkin, aidé de l'implacable Souvarow, poussa jusqu'au Caucase, corrompant encore les chefs et décimant les populations. C'était à ce prix qu'on parvenait au comble des honneurs.

Ainsi tomba la Crimée sous le joug moscovite; on appelait cela affranchir un peuple de la cruauté des Turcs.

Le khan, qui s'était laissé corrompre par de magnifiques présents, des décorations, des pensions, tomba, comme de coutume, dans la disgrâce et le mépris; il ne put rester à Moscou; il n'osa retourner dans le pays qu'il avait trahi,—il fut réduit à mendier un asile en Moldavie. A peine y était-il établi que, par ordre du Grand Seigneur, il fut enlevé et étranglé. — Potemkin fut récompensé comme un grand général et le khan comme un traître; si le khan était criminel, le favori était sans gloire; mais il fallait des conquêtes, des victoires pour les Russes, des humiliations pour les Turcs; on les achetait, la Turquie les payait. Ce fut ainsi qu'on préluda à sa désorganisation partielle, pour arriver plus tard à sa ruine et à la dissolution de l'empire ottoman.—Ce fut ainsi qu'en Finlande, en Courlande, en Pologne, tous les agrandissements de la Russie s'opérèrent; les dépouilles des uns servaient à la corruption des autres, et la Prusse et l'Autriche applaudissaient!...

Que cela ait été fait à l'égard des peuplades qui entouraient la Moscovie, rien de mieux, surtout quand l'objet des conquérants était la civilisation des barbares.

Mais quand l'esprit d'envahissement se tourna contre la Suède, contre la Pologne ou la Turquie, il s'agissait de nations constituées; ce n'était plus courir après des lauriers, mais après la vaine gloire et la honte; et si les habitants, vendus et livrés par leurs chefs, se révoltaient, quoique désarmés, quoiqu'incapables de résister à une force bien organisée, on les écrasait héroïquement et l'on chargeait de plus en plus la foudre qui devait éclater un jour contre l'Europe elle-même.

Le moment fatal est arrivé.—Qui doit fléchir du czar ou du sultan?... Si le droit l'emportait sur la violence, la question ne serait pas longtemps indécise, et la Turquie, libre de tout engagement envers son ennemi violateur des traités, pourrait assurément reconquérir les provinces dont on l'a dépouillée. Tout, à cet égard, dépend du sort des armes et des hasards de la guerre. Pour le sultan vainqueur, toute conquête de son ancien domaine serait légitime; pour le czar, tout agrandissement serait un nouvel attentat contre le droit des gens, et les puissances occidentales ne le souffriraient pas.

CHAPITRE VI.

QUEL EST LE VÉRITABLE CARACTÈRE DE LA GUERRE D'ORIENT ?

Cette question préoccupe beaucoup de bons esprits ; ils craignent que le manifeste du czar et ses agents n'aient donné un caractère religieux à cette querelle, commencée au nom des lieux saints et continuée au nom de l'orthodoxie; que les Latins, d'un autre côté, ne s'imaginent que si la France prend les armes, c'est dans l'intérêt catholique plus que dans celui de sa politique. Ils commettent en cela une double erreur ; car, d'abord, les documents publiés en Angleterre prouvent clairement que les lieux saints étaient loin de la pensée du czar moscovite, lorsqu'il annonçait la dislocation de l'empire ottoman avec une insistance presque ridicule et avec une obstination variant de langage, mais visant toujours au même but. Le czar, en se jouant ainsi de ses interlocuteurs, en tentant leur ambition ou celle de leurs gouvernements, préparait, sans y songer et sans pouvoir les tromper, le plus grand événement politique qui ait jamais occupé les puissances européennes.

Que les Latins aient, au premier abord, conçu de vives espérances, ils ne se trompaient pas, car les Latins sont chrétiens; ils savaient que la France voulait améliorer le sort de tous les chrétiens, c'était assez pour attirer leur sympathie; toutes les communions devaient à la France leur concours et leurs prières.—Qui sait si, de leur côté, les organes de la loi de Mahomet n'ont point exprimé les mêmes vœux? Il faudrait s'en réjouir, cela prouverait qu'il y a partout des idées, des possibilités de rapprochement; et de telles idées sont exclusives au plus haut degré de celle d'une guerre religieuse.

Mais il y a, dans la composition des armées combinées, un argument bien plus fort que tous ceux qu'on pourrait tirer des passions ou des intérêts des Latins.

Peut-on, de bonne foi, penser que s'il s'agissait d'accroître la puissance papale, l'Angleterre, anti-papiste, aurait tenté un aussi grand effort que celui qu'elle fait de concert avec la France? La preuve qu'il ne s'agit pas, en Occident, d'une guerre religieuse est enfin dans ce point de fait que la France avait obtenu, dans l'intérêt des chrétiens, tout ce qu'elle pouvait désirer du gouvernement ottoman, un an avant que la guerre ne fût déclarée, et que cette justice avait elle-même un caractère uniquement politique, à tel point que le czar en manifestait son mécontentement à l'ambassadeur anglais, sir Seymour, en lui annonçant qu'il avait mis ses armées à la disposition du sultan pour résister aux exigences du gouvernement français.

Il n'y avait donc lieu ni de discuter, ni de combattre pour les immunités catholiques ou chrétiennes. Le concours de la France et de l'Angleterre était donc tout politique; le but que se proposaient les deux gouvernements n'était donc autre que d'empêcher la Turquie de tomber au pouvoir de la Russie, ni directement ni indirectement, ni à titre de dépôt ni à titre de conquête, pour rappeler une idée fort significative du czar Nicolas. Mais, dit-on encore, il est impossible que les chrétiens puissent être protégés efficacement par le gouvernement turc; lors même que ce gouvernement le voudrait, les Turcs ne le voudraient pas. — Cette pensée, qui paraît si juste quand on se reporte à l'état des chrétiens sous les Turcs des derniers siècles, cesse de l'être quand on l'allie à l'état actuel de la Turquie. — Le sultan, éclairé par son contact avec les nations européennes, dans le sein desquelles catholiques et protestants, après s'être fait d'horribles guerres, vivent maintenant en paix, espère qu'il peut, de son côté, amener les deux classes religieuses de son empire à s'apprécier enfin et à vivre en bonne intelligence. Il espère aussi que l'alliance une fois établie entre ces deux grandes fractions du monde, toutes les communions feront trêve à leurs vieilles querelles, et qu'il concourra ainsi à la paix générale; il aspire d'autant plus au rétablissement de cette paix, que le Coran l'ordonne et l'intérêt de l'État le prescrit... Hé bien! le grand acte qui doit faire cette révolution en Orient est signé; il va être mis à exécution; si donc il y avait eu une pensée de guerre religieuse, elle serait maintenant sans objet; car la France et l'Angleterre ont obtenu tout ce qu'elles désiraient.

Mais, au point de vue politique, la différence est grande ; d'un côté, les puissances occidentales, voulant conserver intact l'empire de Turquie, comme barrière aux envahissements de la Russie, font entrer le sultan dans le concert européen ; de l'autre, le czar proclame encore la dissolution de l'empire ottoman, sans s'apercevoir que la résurrection de cet empire est le symptôme le plus accablant de la décadence de la Russie. — Le czar ne tardera pas à déplorer le peu de succès de sa ruse, puisque lui, suprême protecteur des chrétiens, n'a rien obtenu de plus que les autres nations chrétiennes; puisqu'au contraire, — à force de violence et d'injustice, il a déterminé dans l'empire ottoman une crise qui ajourne indéfiniment une catastrophe qu'il considérait comme prochaine. La dissolution de la Turquie lui paraissait si facile que, par prévoyance, il partageait les débris qu'il croyait faire, et s'attribuait en expectative la part du lion, en attendant qu'il la prît en dépôt, et que, dépositaire infidèle, il devînt propriétaire en violant tous les traités, tous les intérêts qu'ils consacrent et qu'il devait respecter. De protecteur souverain, il est devenu protecteur inutile, et ce sont maintenant la France et l'Angleterre, c'est le sultan de Constantinople, et non le pape de Moscou, qui protègent directement les chrétiens de Russie comme ceux des autres nations.

Il y a dans cette crise salutaire quelque chose de plus qu'une question religieuse, une question d'humanité, qui lui donne un caractère de grandeur et de désintéressement, dont aucune autre n'a jusqu'à présent fourni l'exemple. La Russie, selon son habitude, veut du sang.

C'est par les flots qu'elle en a répandus à Ismaïl, en Tauride, en Valachie, et sur le littoral de la mer Noire et de celle d'Azof, qu'elle a terrifié les populations de l'Orient. Mais le temps des guerres d'extermination est passé. S'il revient, grâce à l'orthodoxie, ce ne sera que pour la punir. — Ce n'est plus à des chefs sans courage, à des hordes sans tactique, que les bataillons russes auront affaire. Déjà des régiments turcs sont là qui leur disputent le terrain, d'autres se forment, d'autres viendront, et, s'il le faut, d'autres encore partiront de la Seine et de la Tamise; et si, de son côté, le czar est prêt pour la guerre, il verra que, de l'autre côté, plus fort que lui est prêt pour le contraindre au repos.

Les choses en sont à ce point que l'opinion des peuples, à l'occident, au nord, au midi, au centre de l'Europe, s'effrait plus maintenant de pourparlers que de coups de canon. On attend avec impatience un dénouement, mais on le veut satisfaisant, on n'en acceptera pas d'autres; et pour qu'il ait ce caractère, il faut que la Russie abaissée comprenne enfin que sa grandeur géographique, que le nombre de ses armées, de ses vaisseaux, et ses victoires autrefois si faciles, comparées à son inaction, à son impossibilité de prendre Constantinople, prouvent ou que la Turquie se relève, ou que la Russie manque de cœur, après avoir manqué de tact, de justice et de prudence. Il est dur qu'un acte d'astucieuse tartuferie ait de pareilles conséquences; mais plus l'agression fut inique, plus il convient que la réparation due à l'opprimée soit éclatante.

La guerre d'Orient n'est point une querelle religieuse

entre le czar et la Turquie,— c'est une crise européenne amenée par la vaine ambition d'un seul homme; son résultat doit être la réintégration de l'empire ottoman dans ses droits, dans ses provinces, et son admission dans le grand conseil européen, qui posera des limites aux envahissements de la Russie. Nul ne peut prévoir à quel parti s'arrêtera ce grand jury, chargé d'interpréter les actes des congrès de 1814 et 1815, que la Russie avait tant d'intérêt de respecter; mais la France et l'Angleterre ne déposeront les armes que quand des réparations auront été faites pour le présent et des garanties données pour l'avenir. Le czar a vainement tenté d'allumer le fanatisme, vainement prêché l'orthodoxie, vainement invoqué l'assistance du Christ. Dieu n'est point avec lui, Dieu repousse les vœux sacriléges, Dieu maudit son ambition impie et sanguinaire.

CHAPITRE VII.

DES SYMPATHIES POUR LE CORAN ET DES ANTIPATHIES
POUR L'ORTHODOXIE.

Il était réservé au czar d'opérer un miracle véritable et cela sans y songer, et cela en obtenant un résultat absolument contraire à celui qu'il espérait. Il aurait voulu transformer en guerre de religion une guerre de fantaisie ; mais, malgré son grand art de paroles fallacieuses et câlines, il n'a pu tromper personne. L'astuce moscovite a été vaincue. Il a réuni dans un même sentiment, hostile à la Russie, les catholiques, les protestants anglais et français, les calvinistes et les luthériens de la Suède et de l'Allemagne ; il a fait plus, il a porté des évêques à prier pour la gloire d'une armée composée de soldats de toutes ces religions, combattant pour la même cause, côte à côte avec les musulmans, contre un chrétien injuste, quoique des plus orthodoxes.

Son agression a produit un autre prodige. Elle a fait étudier le Coran, elle a fait connaître la bonne foi, la piété sincère des mahométans, mise en regard du fanatisme et de l'idolâtrie des Russes, s'armant au nom du Christ, afin d'augmenter l'effusion du sang. Cette loi de Mahomet, nous avons honte de le dire, était dédaignée, détestée sans être connue, et cette aversion irréfléchie s'efface de jour en jour.

Il n'entre certainement pas dans nos vues de comparer le Coran avec notre Evangile ; on crierait au sacrilége ; et cependant cette loi en a la sublime douceur, elle en est souvent extraite, et les articles de foi qu'elle contient sont si purs, si pleins d'analogie, qu'on serait tenté de croire que l'Évangile en fut la base principale. Rapportons, à l'appui de cette idée, quelques fragments sur la morale et l'esprit de famille d'après le Coran.

Le Coran enseigne de la manière la plus formelle l'existence d'un seul Dieu éternel, créateur de toutes choses, bon et miséricordieux, tout puissant, protégeant ceux qui le craignent, aimant ceux qui ne sont point ingrats envers lui, pardonnant à ceux qui l'offensent dès qu'ils se repentent. Juge souverain, au jour de la résurrection, il rendra à chacun selon ses œuvres.

Il porte aussi que les juifs et les chrétiens trouveront auprès de Dieu la récompense de leurs œuvres, s'ils font le bien et s'ils ne vendent point leurs doctrines pour un vil intérêt.

Le Coran est pour les musulmans ce qu'est la Bible pour les hébreux, c'est-à-dire qu'il règle les intérêts civils sur les mariages, les dots, les douaires, sur les devoirs mutuels des époux, sur les enfants, les veuvages, les séparations et les divorces; il traite aussi des héritages, des testaments, des tutelles, des contrats, du faux témoignage, de l'homicide, de l'infanticide, de l'inceste, de l'adultère. — Le dogme condamne la débauche, les excès de toute espèce, le jeu, l'usage des boissons enivrantes, la prodigalité, l'usure, l'avarice, l'orgueil, la calomnie, la convoitise, l'hypocrisie, la soif des biens de ce monde.—Il prescrit, au contraire, l'aumône, la piété filiale, la fidélité aux engagements, la bonne foi, la justice, surtout envers les orphelins, le rachat des captifs, la chasteté et la décence jusque dans les paroles, la patience, la véracité, la soumission, le pardon des injures. Il commande aussi de rendre le bien pour le mal, de suivre le sentier de la vertu, non pas dans l'intention de s'attirer les applaudissements des hommes, mais afin d'être agréable à Dieu.

Ce n'est pas par amour de cette religion que tant de sang a été versé chez les Turcs, c'est par l'abus qu'ils en ont fait; c'est par fanatisme et par oubli des vrais préceptes de Mahomet. Il s'est montré grand législateur en tolérant les chrétiens, en déclarant qu'ils pouvaient être sauvés. Il a commis une énorme faute en donnant aux musulmans une grande supériorité sur les chrétiens; c'était un abus de la victoire. — Mais, chose étrange! on oublie que toute l'Europe, au temps de la féodalité, était dans les mêmes conditions, sauf l'égalité qui, avant, pendant et après les croisades, s'est maintenue entre les Turcs, tandis qu'elle n'a existé en France qu'à dater de 1789.—Il faut, en outre, pour être juste, ne pas perdre de vue que, tandis que nous avons changé dix fois de loi sociale, les Turcs ont toujours respecté celle que leur grand législateur leur a donnée depuis des siècles.

Il est, je crois, évident qu'un peuple qui possède, qui pratique une semblable loi, et qui est gouverné par un fidèle sectateur de Mahomet, ne consentira jamais à se soulever contre elle. — Les Turcs ont donc un immense avantage sur ceux qui sont sans foi religieuse et qui se croient souvent même dispensés d'avoir la foi politique, ce vrai soutien des gouvernements occidentaux.

Déjà le gouvernement turc a réalisé des réformes qui, il y a cinquante ans, auraient été complétement impossibles. Il s'est appuyé pour les effectuer sur le texte et sur l'esprit du Coran. Ce qu'il a fait, il peut le faire encore; car tout ce qui est national, tout ce qui est dans l'intérêt du peuple est prescrit ou permis par la loi mahométane. Les peuples occidentaux reviennent aussi à l'égard des Turcs à des sentiments de justice et de tolérance qu'ils étaient loin d'avoir autrefois.

Mais si les antipathies disparaissent entre les Francs et les mahométans, elles sont plus vives que jamais quand il s'agit du pouvoir infaillible et impeccable du czar de toutes les Russies. Le christianisme, tel qu'on le comprend à Moscou, est une véritable négation de tout ce qui nous charme dans l'Evangile. Une religion sans morale, n'est point une religion, un chef de religion sans piété, sans amour du prochain, sans pardon pour les erreurs, sans charité, sans repentir, sans miséricorde et ne comptant pour rien la vie ou l'honneur des hommes, est une hypocrisie, une tyrannie, un outrage à la divinité. Il faut qu'il en soit ainsi sous l'autocratie de Nicolas, plus que sous celle de tout autre, car il est plus dissimulé, plus astucieux, plus vain, plus jaloux de son pouvoir qu'aucun de ses prédécesseurs. — Il commande le clergé, comme il commande un régiment; et, pour que le dogme de l'obéissance passive ait plus de force et qu'il soit à jamais en honneur, il est mis sous la garde d'un *saint-synode,* dont les membres sont choisis par lui.

Cela ne suffisait pas encore à son avide ambition de tout asservir; il décréta pour ce synode un règlement auquel les hommes de Dieu doivent une entière soumission, et, pour qu'on ne pût s'en écarter, sous quelque prétexte que ce fût, il plaça son synode sous l'inspection d'un procureur non ecclésiastique, auquel il donna le droit de suspendre toute décision, fût-elle prise à l'unanimité. On est étonné de tant de précautions à l'égard d'un conseil religieux qui appartient au czar corps et biens et dont les membres sont en nombre illimité, de sorte que, quelles que soient les velléités d'opposition qui puissent s'y manifester, le czar a un moyen de les vaincre quand il veut, en faisant entrer au synode de nouvelles créatures dont il dispose à sa fantaisie.

Il faut que le czar ait une conviction bien profonde de la haine que l'on porte à ce pouvoir qu'on pourrait appeler sacrilége, puisqu'il ne se fie pas même à ceux qui sont dans un état perpétuel de servitude; il donne une apparence de liberté dans les formes extérieures en même temps qu'il impose un joug de fer à ceux qu'il semble consulter sur les matières religieuses. Pour lui, la foi n'est que dans l'obéissance; et cette obéissance même paraîtrait séditieuse si elle n'était aveugle. Aussi, dans quelque rang de la société que vous cherchiez la lumière, vous ne trouvez partout que la volonté du czar ou le mutisme le plus complet. On est partout, en matière religieuse comme en matière politique, condamné au silence. — Il est douteux que les prêtres eux-mêmes aient le droit d'examen en dehors de leurs cellules; car tout ce qui émane du synode, auquel ils sont soumis, est en réalité un ordre du czar, formulé en termes impératifs, où la volonté de Dieu n'est pas même indiquée. On peut juger de la puissance du synode par deux règles qu'il doit suivre. Les voici : A-t-il délibéré sur un point qui lui est soumis, l'acte qu'il rédige est communiqué au procureur impérial, imbu de la volonté absolue du czar. Si cet acte lui paraît compromettre, sous quelque point de vue que ce soit, la dignité autocratique, il en demande la modification ou la suppression, et conséquemment on interdit la publication dans les églises. Si, au contraire, il est conforme aux vues du czar, on l'expédie; mais, pour que le synode soit effacé et que l'autocrate soit aux yeux de tous la seule autorité religieuse reconnue, l'acte commence toujours ainsi : *Conformément à la très-haute volonté de Sa Majesté*, etc., etc.

Toutes ces excentricités théocratiques sont à Rome l'objet d'un mépris profond, et ce mépris se répand en même temps de Rome dans les églises catholiques, et particulièrement des provinces catholiques de la Pologne dans les provinces idolâtres où les Polonais sont internés. Le czar n'est pas heureux dans l'emploi de ses mesures d'oppression : il voudrait faire des esclaves des malheureux qu'il exile, il en fait des missionnaires; il prépare dans ses gouvernements une révolution semblable à celle qui s'est faite dans ses régiments par le contact des Européens; — il ne maintient la discipline ecclésiastique, comme la discipline militaire, que par la terreur. Cela ne peut avoir qu'un temps, et le jour où ces deux cordes, si fortement tendues, se rompront en Russie, cet État gangrené sera infailliblement en proie à une crise politique et religieuse, que les instincts féroces de la populace russe rendront d'autant plus terrible que l'oppression aura été plus longue et les antipathies plus invétérées.

On ne saurait, en effet, se faire idée de l'état des esprits en Allemagne, en Angleterre, dans les réunions chrétiennes; partout se montre une hostilité ouverte contre la prétendue religion orthodoxe; partout on s'indigne qu'un fanatisme sans foi, sans principe, ait la prétention de commander une croyance qu'il n'a pas. En réalité, les vrais chrétiens ont plus d'antipathie pour l'idolâtrie grecque que pour la religion musulmane, et tel est le revirement de l'opinion à l'égard des descendants dégénérés des Grecs, que ceux qui ont fait le plus de vœux pour leur affranchissement, sont aujourd'hui ceux qui le déplorent le plus. Le mécontentement va jusqu'à l'injustice : on attribue à toute une nation les fautes, les ingratitudes, les corruptions, les soulèvements, qui ne sont que l'œuvre de l'administration vicieuse de ce petit État et surtout des intrigues de la Russie. Nous reviendrons sur ce point dans le chapitre suivant.

CHAPITRE VIII.

DE L'AVEUGLEMENT DES GRECS A L'ÉGARD DE LA RUSSIE.

Les Grecs russes et les Russes de race ayant la même religion, ou si l'on veut les mêmes superstitions, des intérêts commerciaux identiques, des caractères également dégradés par l'obéissance passive, et des mœurs aussi relâchées, aussi corrompues, dans les villes et dans les campagnes, il est difficile de s'expliquer l'espèce d'antipathie qui les divise. Serait-ce un sentiment de jalousie? Les Russes verraient-ils avec dépit les Grecs s'emparer souvent des avenues du gouvernement sans pouvoir y parvenir à leur tour? Cela est fort probable. Les Russes regardent encore les Grecs comme des étrangers, et leur ancienneté n'est point un titre qui les défende de la haine innée chez les Russes pour tout être qui n'est pas russe.

La dissolution de l'empire byzantin ayant porté vers le nord une partie notable des populations fugitives, elles y transportèrent les superstitions, l'orgueil et les lâchetés qui avaient amené la ruine de cet empire; mais au lieu d'un immense État tombant en décadence, les Grecs trouvèrent sur les bords du Tanaïs et du Borystène de petits gouvernements actifs, guerriers, ambitieux, rapaces, violents. Il fallut se contraindre, et de cette contrainte volontaire ou forcée sortit la dissimulation, ce qui ajoutait un degré de plus à leur dépravation; et, comme le défaut d'éducation a toujours pour résultat d'abrutir les peuples aussi bien que les individus, on peut dire que tout alla de mal en pis pour les nations aussi bien que pour les gouvernements. — Les grands-ducs de Russie ayant conquis ou confisqué les principautés et les duchés divisés, en les attaquant les uns après les autres, ils ont réuni, dans un seul État, les passions, les vices, les superstitions de plusieurs autres, ce qui l'a frappé au cœur d'une dégradation générale. Les Russes et les Grecs ne font qu'un aujourd'hui; avilis sous le même joug, ils végètent ensemble. Les uns et les autres abhorrent les Grecs de race et les Latins : les premiers, parce qu'ils les croient plus instruits, plus orgueilleux, plus rusés que les Russes; les Latins, parce qu'ils ne savent même pas qu'ils sont chrétiens et qu'ils ne voient en eux que des ennemis du czar, leur chef politique et religieux. Mais la haine des Russes pour les Grecs du royaume hellénique est plus énergique encore. Les Russes du midi supposent, avec raison, aux Hellènes le désir de reconstituer à leur profit l'empire byzantin, ce qui détruirait toutes leurs espérances d'arriver à Constantinople. Le gouvernement moscovite entretient, depuis plus d'un siècle, cette espérance chimérique dans l'esprit de toutes ses populations ignorantes, qui ne connaissent aucune des impossibilités d'une telle conquête : telle est la tournure de leur esprit, que plus la chose est difficile, plus elle leur sourit.

Les Grecs, de leur côté, sont pénétrés de l'idée que la Russie, en affaiblissant la Porte Ottomane, ne travaille que pour eux. Ils acceptent son concours ; ils lui donnent le leur avec un aveuglement digne de tels hommes. Ils trompent la Russie ; les Russes les abusent, et il ne peut sortir de là que des désastres pour les Grecs ; car, sans organisation, sans armes, sans argent, il faut qu'ils aient perdu jusqu'au sens commun le plus vulgaire pour se bercer de l'espérance de revenir à Constantinople. Les Grecs sont doués d'une excessive vanité et d'une suffisance extrême ; ils ne comprennent pas que l'intérêt qu'on leur a montré en Europe avait sa source dans de grands souvenirs et dans de grandes espérances ; mais qu'au lieu de réaliser ce qu'on attendait d'eux en les séparant des Turcs, ils sont restés ce qu'ils étaient, de sorte que la sympathie qu'on leur montrait se porte plutôt maintenant sur les Ottomans progressifs que sur les Grecs dégénérés.

Ce revirement de l'opinion est très-sensible en France, aussi bien qu'en Allemagne, en Angleterre. Il plaît aux Russes qui y voient une cause de dissolution du petit royaume de la Grèce qui, encore une fois désunie, devra désirer le succès de la conquête que la Russie veut faire pour elle-même. Si rien ne justifie les prétentions des Hellènes de grandir par la seule magie de leur nom, rien non plus ne justifie celle de la Russie de s'emparer de cette partie du continent pour en former un État annexé à la Russie, comme la Finlande et les provinces polonaises.

Elle a eu pour commettre ces usurpations des complices qui ne se prêteront pas à ce qu'elle projette; — elle a eu pour elle la proximité de la Pologne, les moyens de tourmenter, de corrompre, de bouleverser un gouvernement se débattant dans l'anarchie. Mais choses et personnes, tout est changé; elle a contre elle, aujourd'hui, la France, l'Angleterre, et l'Autriche; l'Autriche plus intéressée encore que ces deux puissances à s'opposer aux envahissements du czar.

La possession des îles de la Grèce serait sans doute, pour lui, un moyen excellent d'augmenter le personnel très-insuffisant de ses flottes, et c'est précisément pour cela que l'Angleterre et la France la lui disputeront avec la plus grande énergie. Les efforts qu'elles font réduisent la Russie aux dernières extrémités. Elle s'épuise; ses dévastations stratégiques, si l'on peut s'exprimer ainsi, peuvent, en cas de revers, amener la ruine complète de son armée, et bien qu'elle puisse en former une seconde, une troisième, elle devra succomber; car la France et l'Angleterre ne mettent en ligne qu'une faible partie de leurs ressources, et, en se présentant comme libérateurs, ces deux empires, ayant pour eux toutes les populations, s'enrichissent chaque jour des pertes que fait leur adversaire.

Dans l'ordre naturel des choses, la France et l'Angleterre devaient compter sur le concours de la Grèce. Ce concours devait avoir l'heureux effet de rapatrier la Porte avec ses anciens sujets, de leur donner des relations commerciales étendues, de stimuler leur énergie endormie; il devait aussi encourager les puissances occidentales à de nouveaux bienfaits; mais un mauvais génie s'est emparé de ce peuple déchu, — il a tourné ses armes contre ses bienfaiteurs, il a légitimé des rigueurs nouvelles, il a déterminé une crise dans cet État, si faible déjà, malgré tout ce qu'on a fait pour lui ; et, pour dernier malheur, il a soulevé cette effrayante question : Les secours donnés aux Grecs pour conquérir leur indépendance doivent-ils être maintenus, ou ne doit-on pas abandonner à leur triste destinée des populations qui ne connaissent ni les lois de l'amitié ni celles de la prudence? On se demande, avec une sorte d'anxiété, ce que deviendrait la Grèce si elle était livrée à sa propre faiblesse, et quels désastres ne la menaceraient pas si les Turcs et les Egyptiens reparaissaient sur ses bords avec la certitude de n'y plus trouver les obstacles qui leur furent opposés par la France et l'Angleterre. La solution de cette question ne se ferait pas longtemps attendre.

La Russie, lors de la guerre de l'indépendance, a pris part au traité qui la garantit, mais dans un seul but, celui d'affaiblir la puissance de la Turquie.— Elle s'inquiétait fort peu de la régénération de la Grèce, car elle sait trop, par expérience, qu'on ne régénère pas selon sa volonté une nation tombée en dissolution depuis des siècles, et qu'il faut pour cela du temps et du génie.

C'est dans un but identique qu'elle a formé des soulèvements; elle voulait créer partout des embarras à la Turquie, diviser ses forces, afin de s'emparer plus facilement des provinces danubiennes, et même d'autres provinces plus rapprochées de Constantinople.

Tel était son unique dessein. — Si les Grecs ont été

assez insensés pour croire que la Russie visait à leur profit au rétablissement de l'empire byzantin, ils peuvent voir aujourd'hui combien étaient effrontés ceux qui les entretenaient dans cette idée, et jusqu'à quel point ils abusaient de leur crédulité.

Eh! que feraient d'ailleurs du trône de Byzance ces hommes qui, soutenus par trois grandes puissances, n'ont su rien faire de leur liberté? Comment résisteraient-ils aux Turcs, qui, lors même qu'ils n'occuperaient plus Constantinople, seraient pour eux des voisins redoutables. Espèrent-ils donc que la Russie occuperait l'empire ottoman pour le leur conserver, et que si elle ne le mettait entre leurs mains que pour l'administrer selon son intérêt russe, les autres puissances consentiraient à ce protectorat envahisseur, et qu'elles attendraient pour s'y opposer qu'on eût réduit Constantinople au point où se trouve Varsovie?

Les Grecs sujets du sultan, ceux de Constantinople surtout, voient clairement aujourd'hui qu'ils sont plus intéressés au succès des Turcs qu'à celui des Russes; ils ne songent plus à leur puissance évanouie; ils s'allient franchement au gouvernement qui améliore chaque jour la triste situation dans laquelle ils étaient tombés. C'est, en effet, une chose digne de remarque, que les Grecs de l'empire ottoman n'ont jamais été aussi heureux que depuis qu'ils respectent le gouvernement sous lequel ils sont nés, tandis que les habitants de la Grèce, dans leur état perpétuel d'agitation, végètent et souffrent beaucoup plus que ceux qu'ils traitent d'esclaves.

Ils ne veulent pas encore reconnaître que le fanatisme

et des superstitions absurdes ont contribué plus que la haine des Turcs à l'état d'abaissement où la Grèce est réduite. Les empereurs de Byzance s'occupaient plus des querelles religieuses que de trouver des moyens de vaincre les barbares; ils se laissaient dépouiller de leurs provinces les unes après les autres et semblaient dire : Il nous en restera toujours assez. Que faisaient les Grecs pendant ce temps-là? S'armaient-ils pour défendre le sol de la patrie? S'insurgeaient-ils contre les barbares? Pas le moins du monde, ils demeuraient en contemplation, ne pouvant se persuader que Dieu laisserait démembrer un empire qui l'adorait avec tant de ferveur; ils comptaient sur des miracles, ils se fiaient à leurs rêves, à leurs visions, et laissaient arriver les Turcs sans pouvoir s'entendre, même avec les Latins, pour les repousser. Ce qu'ils étaient alors, ils le sont de nos jours : imprévoyants, lâches, ignorants, avides, rusés, ingrats, menteurs, vains, impies, et cependant toujours prêts à se soulever, à se faire écraser pour la plus grande gloire du nom qu'ils portent, et celle de leur orthodoxie.

Le czar sait merveilleusement user de l'ascendant que lui donne le patriarchat qu'il s'est ménagé sur tous les chrétiens schismatiques. Il n'a nul effort à faire pour les convaincre qu'eux et lui n'ont qu'un seul et même intérêt; et cependant que doivent-ils espérer de la Russie? Catherine II leur a soufflé cette pensée pour les attirer dans ses piéges; mais Nicolas Ier, plus franc ou plus imprudent, doit les avoir désabusés quand il a, par ses déclarations politiques, déclaré officiellement, à sir Seymour, qu'il ne veut pas de l'empire byzantin. Il laissera les Grecs se débattre, s'insurger contre le gouvernement qui leur a été imposé, mais seulement jusqu'au jour où il lui plaira de proclamer qu'ils sont réunis à l'empire. Voilà quelle est leur destinée, si les prévisions du czar ne sont pas trompeuses. Cette concession est la première et la seule qu'il veuille faire, et encore faut-il pour cela qu'il soit maître de Constantinople. Il y a bien en Grèce quelques esprits d'élite, qui voient les choses telles qu'elles sont; mais ils ne sont point écoutés. Ils gémissent sur le sort de leur patrie, quand le peuple, ignorant et crédule, se complaît dans sa croyance au rétablissement de l'empire byzantin, et appelle de ses vœux la protection et le concours de la Russie, comme un bienfait, comme le terme de toutes ses misères. Ce qui serait pour d'autres le comble de l'infortune, est pour les prétendus enfants de Socrate et d'Epaminondas un moyen de salut, un retour à la nationalité, un bonheur, une gloire.

CHAPITRE IX.

DE LA LIBERTÉ EN RUSSIE.

Il n'y a dans toute la Russie qu'un seul homme libre, c'est le czar; qu'un seul homme d'État, le czar; qu'un seul propriétaire, le czar; qu'un seul saint, le czar; qu'un seul héros, le czar.

Ces propositions sont assez graves pour qu'on ne soit pas tenu de les croire sur parole; il faut donc les prendre l'une après l'autre et s'expliquer nettement sur chacune d'elles.

Le czar est seul libre, par la raison que tout ce qui respire dans cette Russie, qu'on croit si puissante, est esclave de naissance, esclave d'instinct, et supporte l'esclavage comme un état normal. Combien cela durera-t-il? C'est la question. Elle s'agite à chaque changement de règne, et se tranche par le glaive si l'autocrate a le dessus, par le lacet, ou autrement, s'il a le dessous.

Le czar est seul homme d'État, car ses ministres ne sont rien; car le sénat n'est rien; car tout émane de la volonté du maître. Jamais aucun despote ne fut plus exclusivement chargé du destin d'une nation, ni ne le compromit si capricieusement. Ainsi, quand il traite les plus grandes affaires avec un ambassadeur, il ne dira jamais votre gouvernement et le mien ; — il dira : votre gouvernement et moi, et pour que cela soit bien compris, il ajoutera immédiatement, en pesant sur ces mots : *moi* et votre gouvernement.

Le czar est seul propriétaire, puisque lui seul n'est pas soumis à la confiscation ; lui seul dispose des biens, des impôts, des existences industrielles et des fonds de l'État. Tout autre est à peine usufruitier des biens qu'il achète ou dont il hérite. La Russie est le seul pays du monde où se soit établi le phalanstère, et, ce qui est pire, le phalanstère sans liberté, le phalanstère avec le despotisme.

Le czar est le seul héros, car, par une fiction imaginée par lui, il commande les armées, les flottes ; s'attribue tous les succès et laisse à ses généraux la responsabilité des fautes qu'il prescrit ou qu'il commet.

Le czar est le plus grand saint, car, chef de la religion grecque, il est à la fois croyant, évêque et pape de son empire ; investi du droit de convertir, il en use ; du droit de faire des miracles, il en fait ou s'en laisse attribuer, ce qui est la même chose. Comme saint, il souffle partout le fanatisme ; comme souverain, il s'en fait un moyen. Il a donc entre ses mains tous les élémens d'une puissance divine et absolue ; et, cependant, il vit de peur !... Il ne laisse circuler dans son empire aucune autre idée que la sienne, et relègue en Sibérie tout homme qui s'avise non pas d'agir contre lui, mais de penser tout haut autrement qu'il ne pense.

Cette puissance de faire tout le mal que ses passions lui inspirent l'a porté à proscrire les enfants au berceau, pour qu'ils ne ressemblassent pas à leurs pères, ou les hommes faits, pour qu'ils n'apprissent pas à leurs enfants ce que c'est que la tyrannie, ni comment on la brave ou l'on s'en venge. Si le czar est le plus puissant de son empire, il est aussi le plus malheureux; car il n'a ni les illusions du succès ni les chances d'un utile repos; sa vie est une vie d'artifice, de fraude et de colère : — il trompe, il est trompé; inquiet sur son pouvoir, sa seule préoccupation est de le conserver, de le grandir. Chaque jour lui semble la veille de sa mort, et s'il meurt c'est avec le chagrin de n'avoir rien fait de ce qu'il voulait faire et la certitude qu'on défera le peu qu'il a pu faire. Les victimes de la tyrannie ont le droit de reprocher au despote mort tout le mal que l'on fit en son nom. Le czar le sait, il s'en irrite, et, moins certain du présent qu'il ne l'est de l'avenir, toute sa vie n'est qu'un mensonge et sa mort ne sera qu'un supplice.

Le sort du peuple suit pas à pas le sort de celui qui le dirige. Il ressent le contre-coup de ses échecs, de ses terreurs; il tremble, obéit, mais déteste. Il ne rêve qu'un seul bonheur, la mort de celui qui l'opprime, et ce bonheur à peine a-t-il la durée d'un jour, puisque du despotisme naît toujours un despote.

Le gouvernement russe, en un mot, ne laisse à ses sujets qu'une seule liberté qui leur suffit, celle de naître et de mourir esclaves.

Et l'on croit tout puissant un tel gouvernement!...

Il n'a pourtant ni la force inhérente au pouvoir héréditaire, puisque la succession est réglée par celui qui règne; ni celle qui vient d'une organisation bien pondérée, puisqu'il n'a pas de contre-poids; ni celle qui surgit de la liberté, puisque l'esprit de liberté est soigneusement étouffé; ni celle qu'inspire le patriotisme, puisque l'esclave est sans patrie. Une seule force lui reste, la force brutale; les czars en savent tirer bon parti, mais combien de temps cela dure-t-il?... L'expérience est là; elle répond : jusqu'au jour où elle les étrangle. C'est ainsi qu'en Russie se manifeste la souveraineté du peuple.

Le gouvernement étant schismatique et propagandiste, le czar étant pape russe, et se servant de ce titre et de l'influence qu'il donne, la liberté religieuse n'existe pas plus que les autres libertés. On y craint les catholiques; on les détruit autant qu'on peut; on y craint les protestants; on y déteste les juifs. Il n'y a de tranquillité que pour les Grecs orthodoxes, et les 19/20e des populations ne savent ni ce que c'est que la religion grecque ni ce que c'est que l'orthodoxie. Leur orthodoxie n'est qu'un fanatisme aveugle sans la moindre connaissance des sublimes vérités du christianisme.

Il est donc évident que, sous quelque rapport que l'on considère les institutions, si de telles règles peuvent recevoir ce nom, l'on n'y découvre qu'une pensée, la domination. Celle du czar est terrible pour tous; celle des seigneurs est dure, impitoyable, surtout quand ils ont à faire tomber sur leurs esclaves les vexations dont on les accable eux-mêmes; celle du peuple est atroce.

Les soupçons de toute nature et la crainte de toute liberté sont tels, que le gouvernement russe ne souffre aucune réunion, aucun livre, aucun journal indépendant, quelque modéré qu'il soit ; et qu'on assure même qu'il fait modifier tout ce qui arrive de l'étranger avant de permettre la distribution des écrits ; qu'il ne souffre pas non plus qu'on voyage ou qu'on s'absente sans sa permission, permission qu'il ne faut pas confondre avec les passeports et les visa, les contrôles exercés de province à province aussi rigoureusement qu'à la frontière. Que la police la plus soupçonneuse et la plus tracassière y saisit le voyageur à son arrivée et ne le quitte qu'à son départ ; que l'enlèvement, l'emprisonnement, l'exil, la disparition des personnes sont passés dans les usages ordinaires de la vie, et que tous les Russes rendent grâce chaque matin à leur czar bien-aimé de ce qu'ils trouvent encore leur tête sur leurs épaules. — Le commerce au moins pourrait jouir de quelque faveur, puisqu'il s'occupe peu de politique ; mais on le redoute encore en raison des rapports qu'il peut avoir avec les étrangers, et, sous prétexte de douanes ou de droits d'exportation et d'importation, on fouille les convois et les navires avec une rigueur, avec des vexations qui sont extrêmement préjudiciables pour les hommes et pour les marchandises.

Ainsi, point de liberté politique, ni de liberté de penser, point de liberté personnelle ; ni de liberté religieuse, point de liberté commerciale, esclavage en tout et partout. La situation des Turcs, comparée à celle des Russes, est donc à la fois douce, humaine et même libérale.

CHAPITRE X ET DERNIER.

DES CONSÉQUENCES POLITIQUES ET MORALES DE LA GUERRE D'ORIENT.

En résumé, soit que l'on considère la Russie comme État civilisé ou comme État demi-sauvage, il suffit de suivre ses accroissements et sa marche politique pour se convaincre que son gouvernement, depuis Pierre Ier, n'a montré dans ses conquêtes aucune grandeur, aucune vue capable de transformer ses peuplades en nation civilisée. Que la Russie n'a réellement qu'une seule institution, la force et le fanatisme organisés.

Qu'au contraire, si l'on veut sans prévention considérer ce qu'étaient les Turcs il y a cinquante ans et ce qu'ils sont devenus, on retrouve en eux, sauf certains préjugés qui disparaîtront, toutes les qualités qui constituent l'homme sociable et dévoué à ses institutions, à sa patrie, et surtout sincèrement attaché à sa religion, et que, loin qu'on puisse leur faire un reproche de marcher lentement dans les voies de la civilisation, il faut, au contraire, leur faire un mérite de leurs progrès, en raison du grand nombre d'obstacles que les réformateurs ont dû vaincre.

Qu'il est reconnu que les sommités de la population russe sont parvenues à un certain degré de civilisation, mais qu'au-dessous d'elles toutes les classes n'en ont que le vernis sans les vertus qu'elle fait naître; que ce vernis les trompe et nous trompe aussi; que plus les premières classes acquièrent de connaissances sociales, plus elles tiennent à ce que le peuple ne les possède pas, par l'intérêt qu'elles ont de le garder dans une sujétion qui fait leur force, leur fortune et leur principal mérite; que le peuple russe est ce qu'il était; que, sous Pierre Ier comme sous Catherine II, la démoralisation augmentait en même temps que les qualités sociales; qu'Alexandre a vainement essayé d'atténuer au moins les effets de la barbarie, et que tout porte à croire qu'il est mort à la peine.

Que le masque de civilisation, tant loué dans le dernier siècle, tombe aujourd'hui, non-seulement à la cour et chez les grands, mais chez les seigneurs des champs et des serfs, chez les administrateurs civils, chez les gens de justice, chez les gouverneurs et les commandants militaires, et, par dessus tout, chez les ambassadeurs et les ministres plénipotentiaires, qui montrent partout une présomptueuse insolence.

Que si l'on avait dit, pendant vingt ans, avec vérité, contre les Russes, ce qu'on dit, depuis des siècles, avec une extrême légèreté et souvent même avec une insigne mauvaise foi, contre les musulmans, la Russie serait aujourd'hui l'objet de la dérision de toute l'Europe.

Qu'à aucune époque, aucun État ne se prépara et ne

subit une avanie égale à celle qu'éprouve en ce moment l'autocrate de toutes les Russies dans la mer Noire et la mer Baltique.

Que les subterfuges de la diplomatie russe seraient un déshonneur pour tout homme qui se les permettrait, et sont une preuve de barbarie et de dépravation dans le chef de l'État; que cette dépravation, qui le fait jouer dévotement avec le sang, avec l'incendie, est chez lui un dogme gouvernemental, un principe orthodoxe extrait des œuvres du fondateur de cet empire et de Catherine II, qui, tantôt grande, tantôt avilie, développa le mieux les éléments de civilisation et de perversité, en les faisant marcher de front avec autant de subtilité que de grandeur, autant d'éclat que de férocité.

Que Nicolas, en s'engageant à respecter l'intégrité du territoire ottoman, a tenté d'endormir l'Europe dans une fausse sécurité; qu'il a éprouvé sa patience en confisquant le royaume de Pologne, la république de Cracovie, en occupant les principautés danubiennes; mais qu'en réalité l'interprétation qu'il lui plaît de donner à ces traités, non-seulement ne lie pas les autres nations, mais leur impose le devoir d'une résistance énergique, sous peine de perdre leur indépendance et leur autorité morale; que si les puissances allemandes n'aperçoivent pas les périls qui les entourent, si elles ne s'adjoignent pas sincèrement et avec résolution aux actes diplomatiques ou militaires des puissances occidentales, ces dernières puissances cessent d'être responsables des insurrections qui seront nécessairement le résultat de l'aveuglement ou de l'inertie des premières.

Que le seul traité de paix qui pourrait mettre un terme aux anxiétés de l'Europe offensée dans ses rapports diplomatiques, paralysée dans toutes ses entreprises, serait celui qui détruirait à jamais les prétentions de la Russie sur l'empire ottoman ; et qu'un traité qui n'aurait pas cette force, serait plus pernicieux qu'utile à la cause de l'Europe et de la civilisation.

Qu'il est heureux que la Russie ait refusé les propositions qui lui ont été faites, puisqu'elles n'étaient favorables qu'à elle seule, et qu'elle aurait pu recommencer ses attaques déloyales six mois après le départ des flottes de la Baltique et de la mer Noire.

Que les correspondances officielles et secrètes du czar et du ministre de ses volontés despotiques prouvent que la France et l'Angleterre sont restées fidèles aux doctrines qui ont constitué le droit public de l'Europe ; qu'il n'est pas possible que la Russie, après avoir échoué dans ses projets perfides et démoralisateurs, en soit quitte pour dire aux puissances occidentales : Je me suis moquée de vous ; et tel serait son droit, si elle échappait au châtiment qu'elle a si bien mérité.

Que la question d'orthodoxie, soulevée par le czar en personne, malgré l'avis de ses meilleurs amis, n'est qu'un expédient de mauvaise foi, un outrage à la divinité même qui, dans toutes les religions, proscrit l'imposture et la duplicité.

Que la Russie s'est montrée d'autant plus malhabile en commençant la guerre, qu'elle est de toutes les nations celle qui souffrira le plus, tant sous le rapport militaire que sous celui des relations commerciales, puisqu'elle supporte un blocus bien autrement rigoureux que celui dont elle eut tant à souffrir lors du blocus continental.

Que la preuve des améliorations effectuées en Turquie résulte clairement des efforts que la Russie a faits pour les arrêter et de la résistance que le sultan oppose à l'agression d'une armée trois fois plus forte que la sienne.

Que les rodomontades du czar à l'égard de la France, ses bassesses à l'égard de l'Angleterre, ses spoliations réalisées ou projetées à l'égard des États faibles, sont autant de brèches qu'il fait à son kremlin diplomatique et qui permettent à ses ennemis d'y pénétrer.

Que le czar, réduit à cet état d'abaissement, ne marche plus tête levée; — qu'il s'affaisse, se traîne, se débat dans les bourbes de l'Euxin; et que, pour comble de dégradation morale et politique, il parle en dominateur et n'agit qu'en trembleur, ce qui est le complément de sa décadence personnelle et de celle de son empire.

Que s'il est vrai, comme on le dit pour justifier sa levée de boucliers, que le czar obéit en ce moment à l'instinct féroce de ses Huns et de ses Kalmouks, sous peine d'être étranglé comme la plupart de ses ancêtres, il prouve, en cédant à ces bandes avides d'excursions et de butin, qu'il n'est plus le maître chez lui et qu'il se rallie à la barbarie pour soutenir son pouvoir et ressaisir une prépondérance politique qu'il craint avec raison d'avoir perdue.

Que s'il est vrai que la Russie est un camp qui menace non-seulement la Turquie, mais la Prusse, mais l'Autriche, mais l'Allemagne, mais la France, ce camp n'est qu'un corps sans tête, auquel résisteront aisément, quoi qu'on en dise, à Pétersbourg, les corps et les têtes des nations occidentales unanimes dans leurs vues.

Que si la Russie eut autrefois son Attila, détruisant les nations efféminées et craintives, elle n'a, de nos jours, ni le génie qui commande, ni la peur qui fléchit : la peur, cette auxiliaire de tous les conquérants et de toutes les tyrannies.

Que la Turquie et ses alliées peuvent non-seulement chasser les Russes des provinces danubiennes, mais les expulser aussi de toutes celles dont ils ont dépouillé l'empire ottoman par un injuste abus de la force; qu'elles peuvent même s'emparer des provinces russes qui avoisinent la Turquie et en rester, jusqu'à la paix, sinon propriétaires au moins dépositaires, comme moyen de faciliter les transactions ou arrangements diplomatiques.

Que les armées occidentales, tout en soutenant la Turquie dans l'action contre la Russie, tant en Moldavie qu'en Valachie, ne doivent pourtant, autant que possible, jouer d'autres rôles que celui d'armées de réserve, afin que les conquêtes à faire soient plus particulièrement l'œuvre de l'armée ottomane, ce qui lui rendra la confiance en sa force et détruira l'idée qu'elle a de celle de ses ennemis.

Que les armées russes détruites ou chassées des provinces de la Turquie, un congrès réuni à Constantinople devra régler les nouvelles délimitations des frontières des deux empires et déterminer les garanties sérieuses que devra donner la Russie, et cela avec ou sans le consentement de l'autocrate.

Que les armées navales, combinant leurs efforts avec

celles de terre, après avoir bombardé ou bloqué les ports, pris ou brûlé les flottes russes, doivent garder les prises et maintenir le blocus jusqu'à l'exécution complète des traités, tant sous le rapport des arrangements territoriaux, que sous celui des frais de la guerre.

Que pour constater l'état de décadence de la Russie et donner à ses voisins une juste idée de leurs droits, le littoral de la mer Noire, les bouches du Danube et les côtes russes de la Baltique doivent rester sous l'inspection ou la garde des armées alliées jusqu'aux termes fixés par le congrès, comme moyen de contenir la Russie dans les efforts que pourrait lui faire tenter son orgueil ou son désespoir; que cela est parfaitement conforme aux usages de la Russie à l'égard des nations plus faibles qu'elle.

Que si le czar de Russie humilié se refuse à la paix dans l'intention de fatiguer l'Europe et d'inquiéter tous ses intérêts, il doit être dompté par tous les moyens que peut fournir l'état de guerre et notamment par la destruction de ses établissements maritimes dans la Baltique, par l'occupation de Varsovie, de Riga, de Revel, de Cronstadt et même de Saint-Pétersbourg, si l'état de la mer le permet, tandis que dans le midi nos flottes, nos armées bloqueraient ou occuperaient les bouches du Don, du Niéper, du Danube, les villes et les côtes d'Odessa, Sébastopol, Azof et toute la Crimée.

Que si la Russie obtenait des succès, et que, comme en 1813, ils déterminassent la Prusse et l'Autriche, ou l'une de ces puissances, à se prononcer pour le czar, une armée française devrait immédiatement passer le Rhin, une armée anglaise débarquer en Poméranie, occuper Stétin, Posen, Dantzick et la Silésie, proclamer l'indépendance de la Pologne, et préparer ainsi ce qu'il y aurait à faire dans l'intérêt de l'Europe, et plus particulièrement dans celui de la Turquie, de la France, de l'Angleterre et de la civilisation.

Que toutes ces mesures sont commandées par la prudence et autorisées par la conduite de la Russie à l'égard de la Turquie, de la Pologne et de la Suède, et par celle de l'Europe coalisée à l'égard de la France.

Que ces réflexions se présentent à tous les esprits, même à celui du czar, depuis qu'au sentiment exagéré de sa force a succédé celui de sa faiblesse relative, et depuis que la jactance autocratique, basée sur le concours qu'il attendait de la Prusse et de l'Autriche, a fait place à d'impuissantes colères contre ceux qu'il accuse de défection.

Que si, dominé par son orgueil, le czar persistait à troubler la paix de l'Europe, il y aurait lieu d'user de contrainte personnelle, comme fit Alexandre à l'égard de Napoléon Ier, et de ne lui laisser d'autre alternative que l'abdication ou le démembrement d'une portion de son empire, c'est-à-dire des usurpations qu'il a commises sur la Turquie, la Suède et la Pologne.

Que les difficultés qu'éprouva l'empereur Napoléon, en 1806 et 1807, pour reconstituer le royaume de Pologne, n'existent plus dans le système de confédération générale de l'Europe, et qu'il serait facile de concilier l'existence de ce nouvel état avec la sécurité des puissances voisines, soit en appelant à gouverner les Polonais un prince de caractère indépendant, pacifique et libéral, comme ceux qui gouvernent la Belgique et la Suède, soit en faisant élire un roi héréditaire par le congrès européen, sous la garantie des puissances qui le composent.

Que ce parti extrême serait moins rigoureux à l'égard de la Russie qu'il ne le fut à celui de la France, quand la Russie, appuyée sur l'Europe entière, punit une nation de l'ambition d'un seul homme, en lui enlevant de force l'Italie, la Belgique, la Hollande, la confédération du Rhin, et en morcelant ses antiques frontières.

Qu'enfin le czar Nicolas Ier peut, sans déroger, suivre un grand exemple d'abnégation personnelle, en reconnaissant qu'arrêter volontairement l'effusion du sang humain est un acte plein de grandeur et de chrétienne orthodoxie, — et qu'il le doit à l'Europe, à son pays, à sa famille, et à cette loi terrible, inévitable, devant laquelle fléchirent toutes les tyrannies, anciennes et modernes... la nécessité !

FIN.

TABLE DES MATIÈRES.

LIVRE Ier.

POLITIQUE EUROPÉENNE.

Chapitre Ier. — Sentiment populaire sur la guerre d'Orient et particulièrement sur la prépondérance de la Russie............... Pages.	6
Chap. II. — La Russie veut la guerre.............	10
Allusion aux désastres de 1812. — Réponse......	11
Caractère de la politique russe................	13
Chap. III. — Politique de la Turquie.............	17
Justice de la cause du sultan..................	18
Omer-Pacha................................	19
Chap. IV. — Politique anglaise..................	21
Débats du Parlement........................	22
Discours de lord John Russell................	23
Incident Disraéli............................	26
Chap. V. — Politique de la France................	27
Lettre de Napoléon III......................	27
La guerre préparée, annoncée.................	29

	Pages.
CHAPITRE VI. — POLITIQUE DE LA RUSSIE.	30
Lettre du czar de Russie.	31
Singulières prétentions.	35
Les flottes combinées dans la mer Noire.	38
Souvenir de 1812.	39
Comparaison entre les deux langages.	41
Insurrection grecque.	43
Manifeste du czar.	44
CHAP. VII. — QUESTION D'ORIENT AU POINT DE VUE EUROPÉEN.	45
De la dislocation de l'empire ottoman.	45
Joug de Napoléon Ier et de Nicolas.	46
Moyen énergique contre la Russie.	47
Persistance du czar de Russie.	49
Intrigues russes.	54
Pourquoi la guerre est européenne.	56

LIVRE II.

L'EUROPE ET LA RUSSIE.	59
Agrandissement.	60
Ligue d'Henri IV et d'Elisabeth.	61
Le czar, Charles XII et Attila.	63
CHAP. Ier. — DE L'ABUS DE LA FORCE.	64
Éloquence et fourberie des Russes.	65
Russie, Pologne, Turquie, Romanus.	66
Novogorod-la-Grande.	67
Pierre-le-Grand, Alexandre, Nicolas Ier.	68
CHAP. II. — CARACTÈRE ET PRINCIPES DE NICOLAS Ier.	70
Sa personne.	71
Civilisation des Russes.	73
CHAP. III. — CONQUÊTES EUROPÉENNES DE LA RUSSIE.	75
Conquête de la Pologne.	75
L'astre du nord perd son éclat.	76

TABLE DES MATIÈRES.   279

                                                      Pages.
Chapitre IV. — Habileté diplomatique des Russes...   77
    Testament de Pierre-le-Grand..................   78
    Le czar et son chancelier......................   79
    Lettre à l'ambassadeur de Russie à Constantinople.   79
    Le czar et l'ambassadeur d'Angleterre..........   80

Chap. V. — Prudence du ministère ottoman.........   85

Chap. VI. — Circulaires officielles de la Chancellerie russe...   86

Chap. VII. — Publications diplomatiques confidentielles..   90
    Manœuvres diplomatiques......................   91
    Humiliation des flottes moscovites.............   93

Chap. VIII. — Sir Seymour et le czar..............   95
    Insistance pour arriver à la destruction du gouvernement turc.......................................   97

Chap. IX. — Le ministère anglais et le chancelier russe...   98

Chap. X. — De la différence entre Pierre-le-Grand et Nicolas le fin....................................   103

Chap. XI. — De la suprématie du czar sur toutes les nations...   105
    Ouverture et tentatives diverses...............   108

Chap. XII. — De l'impossibilité du partage diplomatique de la Turquie...............................   111
    Constitution turque...........................   112
    Symptôme de vie de la Turquie................   114

Chap. XIII. — Le partage de la Russie est facile...   118
    La Pologne, la Finlande, la Crimée............   120
    1815 et 1854..................................   122
    Des coalitions................................   124

Chap. XIV. — De l'opinion des populations allemandes et de l'emprunt prussien..............   125

Chap. XV. — De la prépondérance de la France....   128

TABLE DES MATIÈRES.

Pages.

Chapitre XVI. — De l'attitude de l'Autriche....... 132
    Vivre en paix est sa devise............. 133
    Elle ne veut pas de démembrement............ 134
    Le czar a renoncé au rôle de modérateur et l'a
    laissé prendre à l'Empereur français............ 137

Chap. XVII. — Des revers de la Turquie et des gloires moscovites.................. 138
    Les Russes bons soldats................ 139
    Concessions forcées de Pierre-le-Grand......... 140
    Concessions d'Alexandre Ier.............. 141
    Changement de Nicolas Ier.............. 142

LIVRE III.

De la Turquie en général........... 143
    Avantages du climat et du sol............ 144
    Ses forces militaires................. 144
    Sa civilisation.................... 145
    Fusion à opérer entre les habitants........... 145
    Sélim III réformateur................ 146
    Mahmoud réformateur plus dur............ 147
    Abdul-Medjid.................... 148
    Lettre à Constantin................. 149
    Vues secrètes de la Russie.............. 150
    Pierre Ier dirige encore les affaires contre les Turcs. 151

Chap. Ier. — Du pouvoir politique en Turquie...... 153
    Principes politiques du Coran............. 154
    Il prescrit la résistance et la violation de la loi... 155

Chap. II. — Organisation intérieure du gouvernement ottoman.................... 158
    Réformes importantes................ 159
    Force militaire................... 161

Chap. III. — De la justice en Turquie........... 162
    Du pouvoir judiciaire................ 165
    Du conseil suprême de justice............ 166
    Le cheik-ul-Islam.................. 167

TABLE DES MATIÈRES. 281

Pages.
CHAPITRE IV. — DE L'INDUSTRIE ET DU COMMERCE...... 169
    Causes de leur décadence............................ 170
    Opinion d'un publiciste turc........................ 171
    Avantages de l'Angleterre.......................... 175

CHAP. V. — DES IMPÔTS ET DE LEUR PERCEPTION........ 178
    Des opérations financières......................... 180
    Des vacoufs....................................... 181

CHAP. VI. — DES RÉFORMES EFFECTUÉES ET DE LA CHARTE
    OTTOMANE... 185
    Commissaire extraordinaire, Fuad-Effendi......... 192
    Firman sur l'exécution des réformes............... 193
    Aveuglement de la Grèce........................... 196

CHAP. VII. — INFLUENCE DE LA CIVILISATION EUROPÉENNE
    SUR LA TURQUIE................................... 198
    Belle conduite à l'égard des réfugiés politiques... 199
    Bonne foi des négociants musulmans.............. 200
    Réforme de l'armée ottomane...................... 201

LIVRE IV.

DE LA RUSSIE EN GÉNÉRAL........... 203

    Dangers des gouvernements despotiques......... 204
    Règne d'Élisabeth................................. 205
    Cruautés des partis............................... 206
    Causes de la haine des Russes contre les Polonais. 207
    De la civilisation en Russie....................... 211
    La cour et les courtisans......................... 212
    Mot de Constantin................................. 213
    Le czar touche à sa fin............................ 214

CHAP. Iᵉʳ. — DES FORCES POLITIQUES ET RELIGIEUSES DE
    LA RUSSIE.. 217
    Son but principal est l'abrutissement des nations.. 217
    Campagne désastreuse de 1828.................... 219
    Le czar est un patriarche, un pape orthodoxe.... 220
    Conversions brutales.............................. 221
    Ignorance des popes et des protopopes........... 222

TABLE DES MATIÈRES.

Pages.

Chapitre II. — Forces militaires de la Russie. 224
    Exagération extrême de l'idée qu'on en a. 225
    Tableau exact des corps effectifs. 226
    Corps auxiliaires. 227
    Effectif à la bataille de la Moskowa. 228
    L'armée du Caucase et Schamyl. 228

Chap. III. — De la marine de la Russie. 229
    Lauriers de Navarin. 230
    Deux flottes frappées d'inaction. 230

Chap. IV. — De l'incompatibité entre les deux puissances russe et ottomane. 232
    Aveuglement des Grecs. 233
    Dernier mot de la politique russe. 224

Chap. V. — Des envahissements commis sur la Turquie par la Russie. 236
    La Russie se croit au-dessus du droit international. 236
    Conquête de la Crimée par Potemkin. 237
    Corruption du khan de Crimée. 239
    Corruption en Pologne. 239
    Le sultan peut reconquérir ses provinces. 240

Chap. VI. — Quel est le véritable caractère de la guerre d'Orient. 241
    Elle n'est pas religieuse. 242
    L'état actuel de la Turquie modifie tout. 243
    La guerre est politique. 244

Chap. VII. — Des sympathies pour le Coran et des antipathies pour l'orthodoxie. 247
    Quelques principes du Coran. 249
    Nicolas et le saint-synode. 251
    Hostilité occidentale contre l'orthodoxie. 252

Chap. VIII. — De l'aveuglement des Grecs a l'égard de la Russie. 254
    Revirement de l'opinion contre les Grecs. 256
    Ascendant que donne le patriarchat. 260

	Pages.
Chapitre IX. — De la liberté en Russie............	262
Il n'y a dans toute la Russie qu'un seul homme libre.	263
Résultats de cette liberté absolue................	264
Chap. X et dernier. — Des conséquences politiques et morales de la guerre d'Orient............	267
Sommités de la population russe................	268
Subterfuges de la politique russe................	269
Le seul traité de paix possible..................	270
Preuve des améliorations effectuées en Turquie...	271
Si le czar obéit à ses Kalmouks, c'est le triomphe de la barbarie sur la civilisation..................	271
La Turquie et ses alliées ont le droit de s'emparer de toutes les parties que s'est appropriée la Russie sur le littoral de la mer Noire,..	272
La Russie réduite aux dernières extrémités.......	273
Si le czar persistait à troubler la paix de l'Europe, il y aurait lieu d'user de contrainte personnelle, comme fit Alexandre à l'égard de Napoléon Ier....	274

FIN DE LA TABLE.

www.ingramcontent.com/pod-product-compliance
Lightning Source LLC
Chambersburg PA
CBHW070823170426
43200CB00007B/879